田野史学丛书

区域社会史视野下
花溪清代碑刻调查与研究

赵兴鹏 著

西南交通大学出版社
·成 都·

图书在版编目（ＣＩＰ）数据

区域社会史视野下花溪清代碑刻调查与研究 / 赵兴
鹏著. 一成都：西南交通大学出版社，2022.1
ISBN 978-7-5643-7771-7

Ⅰ. ①区… Ⅱ. ①赵… Ⅲ. ①碑刻 – 研究 – 贵州 – 清
代 Ⅳ. ①K877.424

中国版本图书馆 CIP 数据核字（2020）第 210211 号

Quyu Shehui Shi Shiye xia Huaxi Qingdai Beike Diaocha yu Yanjiu
区域社会史视野下花溪清代碑刻调查与研究
赵兴鹏　著

责 任 编 辑	罗俊亮
封 面 设 计	原谋书装
出 版 发 行	西南交通大学出版社
	（四川省成都市金牛区二环路北一段 111 号
	西南交通大学创新大厦 21 楼）
发行部电话	028-87600564　028-87600533
邮 政 编 码	610031
网　　　址	http://www.xnjdcbs.com
印　　　刷	成都蜀通印务有限责任公司
成 品 尺 寸	170 mm × 230 mm
印　　　张	12.75
字　　　数	185 千
版　　　次	2022 年 1 月第 1 版
印　　　次	2022 年 1 月第 1 次
书　　　号	ISBN 978-7-5643-7771-7
定　　　价	78.00 元

"田野史学丛书"序

　　当代史学已经在传统的文献考证、现代史学理论和书写范式基础上有了新的启程，着力于主动面向社会发展需求，与民众对话，为民众着想，在学理与常理之间寻求平衡。只有下到人民的社会的汪洋大海中去搏击，史学才可能得到真正的繁荣发展，这越来越成为史学界的共识。

　　基于十多年的教学与研究实践，在上述认知的启示下，我于 2014 年底提出田野史学的理念。经过多年的实践，这个理念得以不断丰富，其基本内涵是：以社会现实问题为起点，发挥历史认识主体的历史文化根底、人文视野、认知能力和通识智慧，借助人类学、社会学、考古学等多学科的知识和现代信息技术手段，与民众一起，对活态社会的历史文化进行系统调查、记录、书写、传播与研究。在学理与常理之间对话，合理评估并发挥其价值，形成一定的文化自觉、文化担当和文化批判精神，主动参与社会文化建设。田野史学不仅要眼光向下，更要自觉践行"从群众中来，到群众中去，一切为了群众，一切依靠群众"的原则，强调学术服务于人的实践性，故又具有自己的人才培养模式。

　　学问在自得于心，非求苟同。现代学术研究的分途异畛，理路精深，需要去洞察。但各种理论方法之间，各种学者之间，阋见我执，高下相倾，前后相随，音声相和，纷然杂陈，莫衷一是。或有学而不术者，或有术而不学者，更有不学无术者。这或许是一种有代价的进步，也是一种现代性陷阱，我们身在其中，逃离是何其之难。田野史学不是为学术而学术，为研究而研究，但决非不学无术。学与术皆关乎大道，必有所本、所由、所处、所务。民心与人情，小以识大，近以致远，末以归本。道不远人，不舍小者、近者、末者，能与民并用，可以知古，可以察今。为此，我们在努力"学"的同时，将"术"也进行了多角度的尝试，试图在平庸中悟出道之所在，寻求到新知识、新观念、新方法。现在学界强调的学理，包括学术的话语、思维和表达范式等，是辩证逻辑与学术问题的结合，是现代学术文化的一部分。而常理则是更大众的，是经历长期历史的变迁而积淀在人们生活规范中的客观规律。如何将理论知识的有效性与历史中积淀下来的延续的"理"实现对接和互补，是"学理和常理"对话方法突破的关键。我们现阶段的田野史学，仍然没有完全逃出既有学术话语体系的窠臼，而"学理和常理"的进一步结合，才是田野史学接下来的重点。

顺数既往，则可以逆推将来。我们似乎在模仿孔子带着学生周游，口宣其诚，笃行其道。孟子、荀子、韩愈、慧能、朱熹、王阳明、顾炎武、黄宗羲、章学诚、陶行知、钱穆，等等，一路下来，都影响着我们的抉择。《礼记》礼运篇以为圣人耐天下为一家，"必知其情，辟于其义，明于其利，达于其患，然后能为之"。顾炎武说过："'君子居则观其象而玩其辞'，观之者浅，玩之者深矣，其所以与民同患者。"我们当今所观之象，乃社会之实，非深不可，所玩之辞，则远超学术之文，非广不可。在观玩之间，则必须知人情，辟人义，明人利，与民同患同乐，为真向善，以前民用。我们深信这才是传之久远的正道，也是田野史学所追求之本义。居之久，则知之深，知之深，则行之切，而左右能逢其源。希望这是一种正能量的集聚，成为逃离现代性陷阱的一种新的可能。

伴随着一批批的学生，我们一如既往，走到了2020岁末，也还将继续走下去。走过很远的路，爬过很高的山，穿行在蜿蜒盘旋的小道上，总是路转溪头，山外有村。在一座座的山寨里，总是有百年乃至数百年的家族落地生根，开花结果，迁徙繁衍与朝夕耕耘；在大山的深处，总是有独特的故事静静地等着被发现和书写；在特殊的时节里，总是有精彩的仪式活动吸引我们去拍摄；在逼仄的门庭内，总是有德高望重的老人触动着我们的灵魂。没有经费支持，就自己掏腰包，所到之处，只求有个吃住，有时候，一天只吃一顿饭。颠沛之中，造次之间，师生总是满足的快乐的。

我们都很享受这种游走的状态。寻碑铭、访故老、观民情，徜徉于山水之间，边听边看，边想边说，怀思古幽情，品人世沧桑。把书斋里的历史放下，走进当下的活态社会，悟对古今，究问天人，侃谈中外。累了就坐下来，大家慢慢聊天。和乡亲们一起，朝夕相处二三十天甚至更长，都成了不期而遇的老朋友。晚上，大家要总结调查的内容，相互讨论，讲事实，摆故事，引证理论，回应心灵的关切。每天还要写出调查日志，整理调查资料。什么是人？人何以存在？什么表示人？所有人对此都可以有所感悟。诉不尽的喜怨哀乐，悟不尽的人世沧桑，理性者崇势利，劳碌奔波，感性者闲庭雅致，皆不免滑稽而又心酸，愚昧而又狂欢，固执与偏见无处不在。什么是善？什么是真？什么是历史？未来在哪里？是我们每天不可回避的追问。

贵州民族大学田野史学的理论与实践探索，已经走过了十年，总算有了一些小小的积累。除了老师们关于史学学术与社会、时代关系的思考，更有与我们一起成长的学生们的一批作品。这些作品都是基于长期的活态社会调查而形成，并都在很大程度上得到乡亲们在生活与情感上的回馈，思想上的感召，既有记录性质的村寨志和乡土调查报告，也有区域社会变迁的个案书写与研究。第一批成果分别是《田野史学指归》《历史学观念变迁探析》《清代至民国时期贵定县碑刻研究》《贵安新区马场镇平寨村布依族历史文化变迁研究》《互动与整合：镇远县辽家坳村历史文化变迁研究》《区域社会史视野下花溪清代碑刻调查与研究》。《田野史学指归》主要论述田野史学的理论与方法，《历史学观念变迁探析》主要讨论中国历史学观念的发展与变迁，对当下史学的发展提出建设性思考。其他作品则是在田野史学理论方法启示下，对具体村落的历史文化进行调查研究。理论思考是对多年来田野调查的小结和概括，解决田野史学是什么及如何做的问题，而具体的碑刻调查、村落文化书写等则反映了我们的实践内容，是将理论初步融入实践的尝试。总体而言，这套丛书是我们在常理和学理之间寻找共识的产物。

当然，第一阶段的成果总体上还是既有学术框架下的仿作，显示我们还处于田野史学人才培育的摸索阶段，与田野史学的真正目标相差甚远。现在把师生的部分作品结集出版，以求栖身于学术百草园，热切期望学界给我们真诚的批评。希望越来越多的史学爱好者和乡村社会建设的知识青年，加入到田野史学的研究和创作中来，努力创造出更多适应乡土社会需要的历史文化书写成果。让田野史学走进民众生活，展现乡村社会历史上不同的精彩瞬间，揭示乡村社会历史文化发展逻辑，从而成为以史为鉴并推演未来的重要催化剂。这对于史学来说无疑是一种尝试性的推进，是我们力主史学惠及大众的学术呼吁。

叶成勇

2020 年 12 月

前　言

2009 年填报大学专业时，我没有选法学、市场营销等热门专业，反而是出乎别人意外地选择了历史学。本想是在浩瀚历史中学习历史事件、人物等，收集素材，以便加以编辑创作电影剧本。进入大学后，自己也努力往自己的既定目标前进，在学好课程内容的同时，尝试创作小说、剧本，自学图片和视频剪辑，也与好友创办电影爱好者俱乐部，等。2012 年 5 月，在叶老师的课程安排下，我们班同学和上届师兄师姐一样分组，在老师的指导下深入校园周边各村寨开展田野调查。也许自己本就成长在农村，这种"田野调查"没有难住我，反而满足了我对各种奇异事物的好奇。在这次田野调查中，我和罗丽萍、袁泽芬根据《花溪区志》的指引，顺利地在一处石拱桥边找到了一通乾隆年间的碑刻。这是我第一次在田野中近距离挖掘整理碑刻，以至于在远处看到碑身时，就第一时间打电话给袁本海老师来现场指导。根据这次田野调查我们撰写了《花溪区马铃乡水车坝单孔石拱桥及其桥头碑刻调查》，并在叶老师的课堂上进行了汇报。这次的田野经历和叶老师的点评，算是我进行碑刻调查研究的启蒙，以至后来一发不可收拾。后来还以"指导"的身份参与其他小组的调查，满足了我的"虚荣心"，当然自己是没有"指导"水平的。

毕业实习时，我们班分组到黔南长顺县各乡镇开展田野调查，隔壁班分组到安顺关岭县各乡镇。我带一个组到长顺睦化乡，为期一周，收集整理地方家谱、碑刻、契约文书、民俗、传说故事等资料。做好田野工作是很艰辛的，发现的东西我们要及时准确记录，不然很有可能因无人跟进而半途而废，这是我们不愿看到的。我们白天冒雨在墓葬群里抄录墓碑，天黑后还在山坡上誊录碑文，但在整理出报告后我们又露出了满意的笑容。

本科毕业后，我和小强去了他老家镇宁县，从事高中历史教学工作。其间，了解到镇宁官寨有一处石塔遗存，旁有一通《白骨塔序》碑，内容很丰富，但因为工作原因一直没有到现场求证。2014 年我又回到贵州民族大学，就读中国少数民族史专业，得到更为系统的学习和指导，与导师叶成勇老师也有了更深入的交流和学习。这种交流不仅仅是对学术问题的讨论，更多时候是深入我们作为人在历史中的作用，这种作用可以是我们去拾掇即将消失的历史，更是我们去探寻历史发展的规律。2015 年元月，与叶老师一起到黔东南榕江县、黎平县和锦屏县开展田野调查，途中因叶老师家中有急事而急忙回校。这次黔东南之行，我随叶老师见到了我至今为止见到最早的摩崖石刻，即锦屏县南宋景定二年的《戒谕文》。叶老师据此形成了《从贵州锦屏〈戒谕文〉摩崖石刻看宋朝对湘黔桂边地的治理》。这篇文章和《贵州沿河县万历时期〈军门禁约〉碑文考论——兼论贵州明代中晚期"夷"汉关系》成为了我们中国少数民族史班课堂学习讨论的必读文章。两篇文章都以碑文为切入口，剖析历史，点面结合。奇异的是，与历史同时代的碑刻保留了下来，让历史更鲜活也更沉重。受叶老师影响，2015 年 5 月，我利用假期在小强陪伴下去到镇宁官寨，抄录了《白骨塔序》碑，在访谈和史料基础上，形成了《镇宁官寨〈白骨塔序〉碑跋记》。后又通过田野调查，形成了《从花溪湖潮〈泰平洞碑〉看贵阳周边营盘修建的几个问题》一文。两篇文章都是自己在田野调查基础上，利用碑文，解开基层社会历史的纵横切面，效果很好。

在叶老师和莫老师的指引下，我以《区域社会史视野下花溪清代碑刻调研与研究》为毕业论文选题，开始了艰难的论文写作。从论文材料的收集整理，到论文结构框架的定型，再到内容的修订，无不倾注着叶老师的心血。好在论文"有模有样"地成稿，得到老师和评委的认可，顺利实现毕业。毕业后我到榕江参加工作，2018 年上半年选派下村担任驻村第一书记，坚定不移开展脱贫攻坚工作，一干就是三年有余。驻村期间也抽空去抄录了几块碑文，可惜没有进一步整理。2020 年 5 月，叶老师来电说要把我的硕士论文整理出版，我的内心是喜也是虚。喜是图书出版，能得到更多人的指导。但心知论文有很多不成熟的地方，尤其是附录碑文的整理。拖了一年半，论文经过几次修改，途中又和叶老师、罗曼师妹对存疑的几块碑进行了校对，最终形成了这个版本。文章以花溪区域范围内的碑文为基本史料，在掌握田野第一手资料的同时，结合官修史料和家族谱牒，重点对区域内活动主体之间的互动和文化现象进行解读，展现横向的活态历史和纵向的历史延续。论文描述和思考过程中，我常常沉浸入那个遥远又可触摸的历史中，不可自拔。我就知道，文章对花溪历史是有意义的，这种模式对其他区域社会史研究也是可借鉴的。

赵兴鹏

2021 年 11 月 13 日

目录

CONTENTS

绪　论

一、选题背景及意义

碑刻在我国出现的时间较早。在长期历史过程中，碑刻得到不断发展和完善，成为历史文献的重要载体。毛远明先生在《碑刻文献学通论》中对碑刻下了定义，有广义和狭义之分。[①]广义的碑刻是指"在碑碣、石壁上刻写、雕镌有文字、图案或宗教造像等，赋予其文化信息的石质载体"。广义的碑刻不仅包括以石质为载体所雕刻的文字，也包括用石质材料镌刻的画像、雕塑等。从文献的角度来说，狭义的碑刻"是以石质为书写材料，镌刻、书写在石头上，承载了一定语言内容的所有语言信息资料"。本选题所研究的"碑刻"即为狭义的碑刻。当然，在本文所具体研究的碑刻中，主要是指那些书写有具体内容和时间的清代碑刻，包括规约碑、告示碑、公益事业活动碑。

从 2009 年开始，贵州民族大学历史系主任叶成勇就带领学生对花溪乃至黔中各地方历史文化展开系统调查，搜集了大量第一手材料，其中就包括有不少碑刻。笔者在大量田野调查报告的基础上，进行实地调查访问，梳理出花溪现存清代碑刻 69 通。这些花溪现存清代碑刻内容丰富、类别多样，涉及地方社会生活的方方面面，如修桥碑、井水管理碑、环境保护碑等；从立碑者来看，有官方立的告示碑、禁示碑，地方民众立的规约碑、功德纪念碑等。

花溪是一个多民族聚居区，清代境内居住有汉族以及"白苗、花苗、青苗、青仲（布依族）、蔡家苗、仡佬、宋家苗"[②]，他们是现在花溪区境内汉族、布依族和苗族的先辈。这些先辈在花溪生活数百年，开发了这片土地，创造了丰富的文化，给后世留下了许多宝贵财富，其中就包括碑刻。在众多的遗存文化中，碑刻与他们是最为接近的，是最能反映当时人们活动的文字材料和文化形式载体。碑刻不同于官方修纂的正史和地方志，亦别于家谱，它是区域社会群体活动的产物，并公之于众，

---

① 毛远明. 碑刻文献学通论[M]. 北京：中华书局，2009：7-8.
② 花溪区编纂委员会. 贵阳市花溪区志[M]. 贵阳：贵州人民出版社，2007：158.

对社会各群体的活动起着约束或者引领作用。可以说，碑刻与地方社会生活关系密切，所揭示的史实也是很真实的。换言之，通过对 69 通花溪清代碑刻进行整体调查研究，不仅可以从文献上最大限度保存碑刻内容，亦可以通过这些碑刻窥探清代花溪各民族社会生活面貌，进而探索历史表面现象背后的地方社会运转规律，构建他们的文化，为现今构建地方社会主义和谐社会提供有益的借鉴；同时，在当时的文化背景下，剖析碑刻的文化生境，力图重现碑刻的出现及流传过程，探索碑刻的文化价值及其在当时文化生境中所扮演的角色。

碑刻作为一种特殊的历史文献资料，是研究地方政治、经济、文化、制度等方面的重要史料，可以证史、补史，一直以来都深受广大学者的关注。笔者所搜集到的花溪清代碑刻，数量多，分布广泛，内容丰富，是研究地方社会历史的重要原始材料，具有较高的理论与现实意义。

理论意义：笔者在大量田野调查报告的基础上，开展实地调查访谈，力求最全面、最完整搜集花溪清代碑刻，为研究花溪地方社会历史提供第一手材料，在一定程度上弥补花溪乃至贵阳现有史料之不足。本文在梳理花溪清代碑刻的基础上，结合其他同时期的文献资料，以求全景还原花溪清代时期的社会面貌，包括政治、经济、文化等各个方面，进而探讨当时当地各社会活动主体之间的互动。并在此基础上揭示清代地方社会运转的特色与规律，加深人们对清代地方社会的认识。

现实意义：文章以花溪清代碑刻为研究基础，力图从整体上来揭示清代花溪地方社会运转实际情况。这必然会涉及多个方面和层次，如各活动主体之间的互动关系，官方和地方之间的关系，各村落之间、家族之间、民族之间等各种关系；地方社会文化发展变迁；社会秩序的控制等方面。通过研究，可以加深人们对这方面的认识，有利于现今地方民族关系的处理、地方经济文化的建设，进而为构建当今社会主义和谐社会提供有益的借鉴。

鉴于碑刻研究的重大意义，以及自己所掌握的大量花溪清代碑刻材料，故将《区域社会史视野下花溪清代碑刻调查与研究》作为自己的选题。一来，以花溪现存清代碑刻为基本史料，可以较为全面反映花溪清代时期各民族社会生活的基本面貌，探讨他们的文化构建；二来，通过花溪清代文化的构建，再反过来关注碑刻，做到用历史的眼光看待碑刻，挖掘碑刻背后更为深刻的文化内涵。如此，算是对碑刻研究的一种有益尝试。

二、相关研究综述

（一）贵州民族地区碑刻研究状况

碑刻是我国传统金石学研究的对象，有着悠久的历史。到清后期，金、石开始出现分家的趋势。而直到 20 世纪，碑刻的研究才真正独立出来，逐步发展成为学术研究的一个分支。"从此，以碑刻文献作为研究材料，从事历史、考古、礼俗、典制、文字书体、书法艺术等方面研究的学问，被称为'石刻学'或'碑版学'，简称为'碑学'。"[1]

贵州民族地区碑刻文献整理与研究一直为学术界所关注，相关成果丰硕。在碑刻资料搜集整理方面，完稿于 1948 年的民国《贵州通志》就专列《金石志》，将贵州境内一些重要的碑刻收录其中，但很不全面。[2]20 世纪 80 年代以来，陆续出现了一些碑刻资料汇编，如贵州省博物馆编的《贵州省墓志选集》[3]；贵州省毕节地区民委、六盘水市民委、大方县民委编，贵州省毕节地区彝文翻译组、大方县彝文编译组译的《彝文金石图录·第 1 辑》[4]《彝文金石图录·第 2 辑》[5]《彝文金石图录·第 3

---

① 毛远明. 碑刻文献学通论[M]. 北京：中华书局，2009：22.

② 刘显世、谷正伦修，任可澄、杨恩篆. 贵州通志[M]. 民国三十七年（1948）贵阳书局铅印本.

③ 贵州省博物馆. 贵州省墓志选集[M]. 内部资料，1986.

④ 贵州省毕节地区民委等编，贵州省毕节地区彝文翻译组译. 彝文金石图录：第 1 辑[M]. 成都：四川民族出版社，1989.

⑤ 贵州省毕节地区民委等编，贵州省毕节地区彝文翻译组译. 彝文金石图录：第 2 辑[M]. 成都：四川民族出版社，1994.

辑》①；彭福荣、李良品、傅小彪编撰的《乌江流域民族地区历代碑刻选辑》②；安成祥编撰的《黔东南碑刻研究丛书·石上历史》③。1987 年贵州民族出版社出版的《黔西南布依族苗族自治州志·文物志》④、1994 年贵州人民出版社出版的《毕节地区志·文物名胜志》⑤、2003 年贵州人民出版社出版的《贵州省志·文物志》⑥中也收录了不少碑刻文献。这些著作中搜集整理的碑刻，既有来自各传世地方志，也有新出土发现的，内容丰富，数量可观。各地学者将贵州各地散佚碑刻资料汇编起来，这是一大福利工程，为各界学者开展相关研究提供了极大的便利。当然，不少学者还在积极开展调查研究，不断搜集贵州境内碑刻文献资料。如毕节学院的周北南老师正在主持国家社科基金项目"贵州碑刻文献整理与研究"，主要是对贵州地方志文献中的碑刻资料的整理，这是贵州碑刻文献整理与研究的第一个国家级研究课题。

　　学界在搜集整理贵州民族地区碑刻的同时，也在利用碑刻开展相关研究。在早期，学者们重视碑刻文献本身的史料价值，用来补史、证史。如单体碑文的考证文章，有闻宥的《贵州雷山新出苗文残石初考》⑦、余宏模的《明代水西慕魁陈恩墓碑探证》⑧《明代万历壬辰水西大渡河桥彝文碑》⑨《威宁乌木屯安巡如墓碑残文探证》⑩、黄透松的《明思州宣慰

① 贵州省毕节地区民族宗教事务委员会，贵州省毕节地区彝文翻译组，贵州省彝章县民族宗教事务局古籍办，等. 彝文金石图录：第 3 辑[M]. 成都：四川民族出版社，2005.
② 彭福荣. 乌江流域民族地区历代碑刻选辑[M]. 重庆：重庆出版社，2007.
③ 安成祥. 黔东南碑刻研究丛书：石上历史[M]. 贵阳：贵州民族出版社，2015.
④ 贵州省黔西南自治州史志征集编纂委员会. 黔西南布依族苗族自治州：文物志[M]. 贵阳：贵州民族出版社，1987.
⑤ 贵州省毕节地区地方志编纂委员会. 毕节地区志：文物名胜志[M]. 贵阳：贵州人民出版社，1994.
⑥ 贵州省地方志编纂委员会. 贵州省志：文物志[M]. 贵阳：贵州人民出版社，2003.
⑦ 闻宥. 贵州雷山新出苗文残石初考[J]. 华西文物，1951（01）：3.
⑧ 余宏模. 明代水西慕魁陈恩墓碑探证[J]. 贵州文史丛刊，1980：102-110.
⑨ 余宏模. 明代万历壬辰水西大渡河桥彝文碑[J]. 贵州民族研究，1981（03）：85-93.
⑩ 余宏模. 威宁乌木屯安巡如墓碑残文探证[J]. 贵州文物，1983（01）：31.

司副使刘贵墓志铭考释》①、侯绍庄的《〈明思州宣慰司副使刘贵墓志铭考释〉补遗》②。近年来，特别是 21 世纪以来，学者的目光不仅仅是放在碑刻资料内容本身上，更多的是透过碑刻来挖掘背后的社会历史，而且这种趋势特别明显。如长江师范学院彭福荣先生发表的关于乌江流域民族地区碑刻的系列论文，就涉及人物形象、风俗信仰、生态和谐观念、妇女形象等方面。与此同时，贵州师范大学严奇岩先生 2013 年主持了国家社科基金项目"近 300 年清水江流域林业碑刻的生态文化研究"，其研究成果也比较显著，发表的论文有《从禁渔碑刻看清末贵州的鱼资源利用和保护问题》③《从〈龙村锁钥〉碑看苗族洞葬的祖先崇拜与风水信仰》④《从碑刻看清水江流域苗族、侗族招龙谢土的生态意蕴》⑤等，严奇岩先生注重田野调查搜集，善于结合碑文从细微处解读文化。凯里学院的李斌、龙泽江、吴才茂等学者对清水江流域民族地区碑刻文献的调查与研究也用力较深，涉及碑刻的分类、内容和价值及其所反映的清水江流域木材贸易、农业管理、社会结构、社会管理、婚俗变迁、教育文化诸多方面。其相关研究成果有《明清时期清水江下游天柱地区教育变迁——以碑刻史料为中心》⑥《论明清以来清水江下游天柱地区碑刻的分类、内容与学术价值》⑦《从转娘头到庚贴为凭：清代清水江流域苗侗民族的婚俗变迁——以碑刻史料为中心》⑧。

① 黄透松. 明思州宣慰司副使刘贵墓志铭考释[J]. 贵州文物，1983（03，04）：82-84.
② 侯绍庄.《明思州宣慰司副使刘贵墓志铭考释》补遗[J]. 贵州文物，1986（01）：1.
③ 严奇岩，陈福山. 从禁渔碑刻看清末贵州的鱼资源利用和保护问题[J]. 贵州民族研究，2011（02）：129-134.
④ 严奇岩. 从《龙村锁钥》碑看苗族洞葬的祖先崇拜与风水信仰[J]. 贵州民族大学学报，2015（03）：1-6.
⑤ 严奇岩. 从碑刻看清水江流域苗族、侗族招龙谢土的生态意蕴[J]. 宗教学研究，2016（02）：176-182.
⑥ 李斌，吴才茂，龙泽江. 明清时期清水江下游天柱地区教育变迁：以碑刻史料为中心[J]. 教育文化论坛，2011（02）：100-106.
⑦ 李斌，吴才茂，姜明. 论明清以来清水江下游天柱地区碑刻的分类、内容与学术价值[J]. 贵州大学学报，2013（03）：37-43.
⑧ 李斌，吴才茂. 从转娘头到庚贴为凭：清代清水江流域苗侗民族的婚俗变迁——以碑刻史料为中心[J]. 贵州民族研究，2013（06）：189-193.

贵州民族大学吴大旬、叶成勇两位老师对贵州民族地区碑刻关注较多，注意充分利用碑刻文献资料，探讨中央王朝或者地方官府对贵州民族地区的社会管理，相关研究成果丰硕。吴大旬老师发表有关碑刻研究的论文有《从有关碑文资料看清代贵州的林业管理》①《从有关碑文资料看清代贵州的农业管理》②《从有关碑文资料看清代贵州的社会治安管理》③《从有关碑文资料看清代黔东南土地与水利管理》④等。叶成勇老师发表相关论文有《贵州沿河县万历时期〈军门禁约〉碑文考论——兼论贵州明代中晚期"夷""汉关系》⑤《从贵州锦屏〈戒谕文〉摩崖石刻看宋朝对湘黔桂边地的治理》⑥等。

（二）花溪地区碑刻相关调查研究

目前，学界对花溪古代碑刻的关注不多，相关研究欠缺，对花溪清代碑刻的研究更是少见。截至目前，尚无专门系统研究的专著，相关碑刻材料或者研究散见于专著及单篇论文中。

对花溪古代碑刻进行收录整理的专著，有《贵阳志·文物志》。该书在"第四章少数民族文物"之"摩崖碑刻"一节，对《万历批弓狗场摩崖》《雍正招民复业碑》《嘉庆杉坪寨"龙村锁钥"碑》《嘉庆杉坪寨修路碑记》《道光丫口寨禁开煤窑碑》《咸丰石板哨十寨乡禁碑》《民国高坡苗族等族纳粮定规碑》等 7 通摩崖碑刻进行了简要介绍，并对碑文文字做

① 吴大旬，王红信. 从有关碑文资料看清代贵州的林业管理[J]. 贵州民族研究，
   2008（05）：168-175.
② 吴大旬，王红信. 从有关碑文资料看清代贵州的农业管理[J]. 中国农业大学学
   报，2009（03）：115-122.
③ 吴大旬. 从有关碑文资料看清代贵州的社会治安管理[J]. 贵州民族学院学报，
   2010（01）：12-17.
④ 吴大旬. 从有关碑文资料看清代黔东南土地与水利管理[J]. 贵州大学学报，
   2015（01）：83-88.
⑤ 叶成勇. 贵州沿河县万历时期《军门禁约》碑文考论——兼论贵州明代中晚期
   "夷"汉关系[J]. 民族研究，2014（05）：92-99.
⑥ 叶成勇. 从贵州锦屏《戒谕文》摩崖石刻看宋朝对湘黔桂边地的治理[J]. 中华
   文化论坛，2015（08）：104-110.

了抄录和点校，同时做了简要分析①。同书"第五章摩崖碑刻石雕"之"摩崖"一节对《高坡永镇边隅摩崖》《"是春谷"摩崖》做了详细介绍②；"碑刻"一节对《党武兴隆场碑记》《青岩龙泉寺昆老和尚碑记》2 通碑记做了摘录和点校③。另外，《贵阳市花溪区志》也搜集整理了部分花溪古代碑刻，如在"第二十篇文化"之"第七章文物"，分别介绍了花溪区境内重要的摩崖碑刻。其中在"摩崖石刻"部分分别介绍了"是春谷摩崖""金山洞摩崖""二屯岩摩崖""灵应山摩崖""花溪公园麟山摩崖""花溪公园柏山摩崖"等 6 处摩崖，简述了摩崖的作者、年代及其现存状况④。"碑刻"部分则对《隆兴场碑》《应子桥碑》《青岩龙泉寺昆老和尚墓志铭碑》《摆头山古碑碑文》等 4 通碑刻碑文做了梳理，描述碑刻现存状况和形制，并结合原文进行简单分析⑤。在"文物保护和管理"一节，附录了花溪区文物概况一览表，其中就罗列了 25 处摩崖碑刻，但仅是对文物的名称、时代和位置做简要说明，不见摩崖和碑刻具体内容⑥。对花溪古代碑刻整理较为全面的当属《贵阳市花溪区第三次全国文物普查成果·花溪遗真》。该书对花溪区境内《石头寨告示碑》《严禁增收钱粮碑》《回龙寺碑》等 24 块碑刻及 14 块摩崖岩画进行简介，并附有照片，但无碑文摘录⑦。花溪古代碑刻还散见于其他地方志书和专著中，如《贵州省志·文物志》可见贵阳杉木寨"龙村锁钥"碑、贵阳党武"隆兴场碑"⑧；《贵阳名胜古

① 贵阳市志编纂委员会. 贵阳市志：文物志[M]. 贵阳：贵州人民出版社，1993：93-102.
② 贵阳市志编纂委员会. 贵阳市志：文物志[M]. 贵阳：贵州人民出版社，1993：107-112.
③ 贵阳市志编纂委员会. 贵阳市志：文物志[M]. 贵阳：贵州人民出版社，1993：128-130.
④ 花溪区地方志编纂委员会. 贵阳市花溪区志[M]. 贵阳：贵州人民出版社，2007：592-593.
⑤ 花溪区地方志编纂委员会. 贵阳市花溪区志[M]. 贵阳：贵州人民出版社，2007：593-596.
⑥ 花溪区地方志编纂委员会. 贵阳市花溪区志[M]. 贵阳：贵州人民出版社，2007：607.
⑦ 贵阳市花溪区文物保护管理所. 贵阳市花溪区第三次全国文物普查成果：花溪遗真[M]. 2013：93-104、197-206.
⑧ 贵州省地方志编纂委员会. 贵州省志：文物志[M]. 贵阳：贵州人民出版社，2003：337-339.

迹略览》可见杉坪寨《修路碑记》、高寨《招民复业碑记》、杉坪寨《龙村锁钥》碑、党武《隆兴场碑》①。以上专著仅仅是对花溪境内古代碑刻进行内容摘录，无深入研究，属于资料搜集整理，当然也为后人的研究做了很好的基础。

对花溪古代碑刻进行研究的单篇论文有《从〈龙村锁钥〉碑看苗族洞葬的祖先崇拜与风水信仰》②《从花溪湖潮〈泰平洞碑〉看贵阳周边营盘修建的几个问题》③《清咸丰时期贵州广顺州〈禁碑告白〉碑文考论》④。《从〈龙村锁钥〉碑看苗族洞葬的祖先崇拜与风水信仰》一文以《龙村锁钥》碑为基本史料，充分挖掘苗族洞葬习俗中的祖先崇拜与风水信仰，并揭示两者之间的关系，也从侧面反映了汉文化影响下的风水信仰最终导致苗族洞葬的消亡。《从花溪湖潮〈泰平洞碑〉看贵阳周边营盘修建的几个问题》一文将《泰平洞碑》与同时期的相关文物进行考证，并结合历史文献，充分讨论了咸同时期贵阳周边修建营盘的背景、功能以及所蕴含的复杂的民族关系。《清咸丰时期贵州广顺州〈禁碑告白〉碑文考论》一文以《禁碑告白》碑为研究文本，从中窥探地方社会问题，并分析其对当地产生的作用。

对花溪古代碑刻作史料引证的单篇论文较多。如《贵州民间的生态意识——以乡规民约碑刻为例》一文中，在论述"思想观念层面"之"合理取用万物的生态价值观"部分就引证《石板哨十寨乡禁碑》⑤；《从禁渔碑刻看清末贵州的鱼资源利用和保护问题》一文在举例贵州历史上的禁渔碑刻时也征引了《石板哨十寨乡禁碑》⑥；《乌江流域民族地区历代碑

① 韦廉舟. 贵阳名胜古迹略览[M]. 内部资料，1991：205-208.
② 严奇岩. 从《龙村锁钥》碑看苗族洞葬的祖先崇拜与风水信仰[J]. 贵州民族大学学报，2015（03）：1-6.
③ 赵兴鹏. 从花溪湖潮《泰平洞碑》看贵阳周边营盘修建的几个问题[J]. 河北北方学院学报，2016（04）：29-32.
④ 陆庆园. 清咸丰时期贵州广顺州《禁碑告白》碑文考论[J]. 长江师范学院学报，2017（01）：36-41.
⑤ 许南海. 贵州民间的生态意识——以乡规民约碑刻为例[J]. 原生态民族文化学刊，2014（04）：71-75.
⑥ 严奇岩，陈福山. 从禁渔碑刻看清末贵州的鱼资源利用和保护问题[J]. 贵州民族研究，2011（02）：129-134.

刻文献探析》则引用了《雍正高寨招民复业碑》《贵阳杉木寨〈龙村锁钥〉碑》[①];《从乡规民约石刻看西南地区民间环境意识（1638-1949 年）》一文则引用了《咸丰石板哨十寨乡禁碑》《龙村锁钥》2 通碑刻[②]。

从 2009 年开始，贵州民族大学历史系学生在系主任叶成勇老师以及本系其他老师的带领下，每年寒暑假带领学生深入贵州各地开展田野调查，地毯式地搜集民间散佚的碑刻、家谱和文书及其相关口述资料，积累 2 000 多万字的调查报告，照片 6 000 余张，制作拓片 400 余份，录音视频 200 余小时。其中，对花溪地区的碑刻调查尤为详细。不少学生在老师的指导下，充分利用田野调查资料撰写学士学位论文，其中涉及花溪碑刻的论文有 2009 级历史学专业范兴卫同学的《花溪区三通清中晚期"乞丐"碑考论》、2010 级历史学专业潘春同学的《花溪区村寨水井及其碑刻调查研究》、2010 级历史学专业韩基凤同学的《花溪汤氏家族文化探析——以汤氏家谱为中心》、2010 级历史学专业谢艳花同学的《花溪区清代至民国时期营盘遗址调查研究》、2010 级历史学专业徐敏同学的《贵阳市花溪区掌克村张氏宗祠文化初探》、2010 级历史学专业封开琴同学的《花溪区党武乡当阳村大寨家族史调查研究》等。贵州民族大学历史系学生历年在花溪及周边地区开展了大量的田野调查，搜集整理了上百通碑刻，其中尤以清代碑刻为大宗。这是笔者撰写本论文的主要资料来源。

三、研究思路和方法

（一）研究思路

碑刻作为历史活动的产物，一种文化现象，与当时当地的群众建立了互动关系，有着深厚的情感，从而能够流传至今。因此，通过对碑刻的分析研究，可以最大程度还原当时人们的活动，窥探当时当地的面貌。

---

① 彭福荣,黎露. 乌江流域民族地区历代碑刻文献探析[J]. 三峡论坛,2014(03): 23-29.
② 刘志伟. 从乡规民约石刻看西南地区民间环境意识(1638-1949 年)[D]. 重庆: 西南大学, 2011.

笔者全面搜集花溪现存清代碑刻，着手进行整体系统研究，力图最大限度还原碑刻所能呈现的当时当地面貌，重构历史事实背后的文化结构，并进而回顾碑刻所存在的文化生境，探寻花溪清代碑刻演变的内在理路。笔者的研究对象是花溪清代碑刻，但在具体研究中不会割裂碑刻的时代性和地域性，而是将其置于大的文化视野下，考虑其与不同时代、不同地域的类比。

全书共分为以下几个部分。

绪论部分介绍论文的选题缘由和意义、研究综述、研究思路、方法与创新点。第一章论述花溪清代碑刻概况，介绍其时代性与地域性、形态和保存现状。第二、三、四、五、六章分别从碑刻集中反映的家族建设、地方公共事业、地方社会治安、经济纠纷以及民族问题等几个方面入手，紧扣各部分的主要内容，多层次、多角度挖掘碑刻所反映的信息，探讨碑刻与人群的互动关系，构建文化体系，并关照碑刻的文化生境。结语则将从整体上探讨区域社会各活动主体的互动及区域社会在不同阶段所表现出来的特征。

（二）研究方法

在研究方法上，本书尝试运用民族学、社会学、历史学等多学科的研究方法，从区域社会史的视角出发，以田野调查搜集整理的花溪清代碑刻资料为切入点，借鉴学术界现有的研究成果，参考相关历史文献史料，对花溪清代碑刻所反映的几个问题做一番解读和讨论，进而发现清代花溪地方社会中，各活动主体的互动关系以及地方社会运行的特点。

具体研究方法有三种。

一是实地调查法。实地调查法是民族学研究的主要方法。笔者深入花溪村寨田野，最大限度搜集花溪现存清代碑刻，做好碑文的摘录、测量以及访谈等工作，全面搜集碑刻相关信息。力求准确识读、理解碑文信息和碑刻背后故事。

二是文献分析法。对搜集到的花溪清代碑刻进行整理归类，找出碑刻的相似点和不同之处，筛选出碑刻所集中反映的几个问题。

三是综合分析法。在精细研读碑文内容的基础上，利用民族学、社会学等多学科理论，对花溪清代碑刻以及其所反映的地方社会问题进行综合比较和分析，构建碑刻背后的社会结构，探析碑刻文化生态。

四、研究的突破点与创新之处

（一）新资料的搜集与整理

综上所述，学界对花溪古代碑刻的研究，多重视其史料价值，尚无专门系统研究，缺少对碑刻本身的关注，且关注点多集中在少数几块碑上，如《龙村锁钥》《石板哨十寨乡禁碑》《雍正高寨招民复业碑》等。这与花溪现存大量碑刻的状况是不相符的。当然，这是因为花溪面世的碑刻较少，导致人们的关注点集中在几块碑刻上。近年来，我校历史学专业学生在花溪境内开展了大量的田野调查，搜集了丰富的第一手田野资料，其中就包括不少碑刻。笔者在大量田野调查报告的基础上，加之亲自开展田野调查，搜集整理了花溪清代碑刻近70通。这些碑刻的搜集与整理，为笔者撰写本书提供了丰富、翔实的历史文献。

（二）区域社会史视野

作为20世纪80年代以来学术界新兴的研究热点，区域社会史研究给社会史乃至历史研究带来了全新的视角，如"自下而上"的研究视角、将空间结构与时间序列结合进行区域整体史的研究、将对区域社会的个案研究与对中国社会的整体认识结合起来。用区域社会史视野来研究花溪清代碑刻是值得尝试的。花溪清代碑刻数量多、内容丰富、时间跨度大。在这些碑刻的基础上，我们可以尽量重现区域社会历史面貌，无论是横向的社会关系，还是纵向的社会变迁。在获得"地方性知识"的同时，我们积极探讨同一时期社会活动主体相互之间的关系，以及各社会活动主体在不同历史时期的变化，进而发现地方社会运行的规律。碑刻作为历史活动的产物，不能将其与当时当地的历史割裂开来。在区域社会史视野下，我们不仅利用碑刻去重现历史，更要将碑刻置身于当时当地的历史情境中去，探讨碑刻的产生与流传以及其在当时当地的历史作用。

（三）对民族史研究的区域化拓展与重心的转向

中国民族史学界研究的重点是单一民族的族源族属及其演变、建立的政权、社会制度等内容。本书将研究的范围具体到一个区域社会内，试图探讨区域社会内各民族之间的互动关系及其演变，分析影响各民族之间互动关系的因素。区域社会内各民族不仅包括有汉族，还有少数民族。也就是说，本书对民族史研究的重点从对单一民族的研究转向对区域社会内各民族互动关系的研究。在这一研究中，各民族作为社会活动主体，是一个平等的关系，各民族有着自己独特的历史文化，相互区别又相互影响，并共同创造了区域社会历史。

五、研究的难点和重点

（一）难　点

对花溪清代碑刻的搜集与整理是本文的一大难点。笔者在贵州民族大学历史系学生近年来田野调查的基础上，梳理出了花溪清代碑刻 40 通左右。在这个过程中，笔者查阅大量田野调查报告，碑刻资料的搜集和筛选比较困难。后来又通过其他途径，寻得 20 多通碑刻，最终搜集整理出69 通花溪清代碑刻。花溪清代碑刻散落在各处，需要花费大量的时间开展田野调查。在碑刻的搜集与整理过程中，对碑刻的识读与抄录是最困难的部分。在识读和抄录过程中，笔者要忍受风吹和日晒以及蚊虫的叮咬，需要保持极大的耐心和毅力。

对碑文资料的分析和归纳也是本文的难点。本书搜集整理的花溪清代碑刻 69 通，几乎每通碑刻的内容都不一样。笔者需要在仔细理解碑刻内容的基础上，将其进行归类，进而整理出花溪清代碑刻所集中反映的几个问题。相关资料的缺乏也在一定程度上影响了笔者对碑文的理解。

（二）重　点

本书的重点之一是探讨花溪清代碑刻的文化生境。笔者通过对花溪清代碑刻所集中反映的几个问题展开讨论，切割地方社会，进而揭示地方社会的多样性。与此同时，将碑刻置于历史环境中，讨论其产生与流传的过程。本书最后一章"从花溪清代碑刻窥探地方社会运行"，既是本文的重点也是难点。笔者利用民族学、社会学、历史学等多科学理论知识，以花溪清代碑刻资料为研究文本，讨论花溪地方社会运行的过程与阶段性特征，揭示地方社会运行的规律。笔者受专业水平和自身能力所限，所论必有缺失，在此略陈管见，疏漏处还请诸方家指正。

第一章　**花溪清代碑刻概况**

花溪区位于贵州省贵阳市南，东连龙里县，南界惠水、长顺两县，西接平坝区、清镇市，北邻贵阳市小河、乌当、南明三区。花溪原名花仡佬，历史悠久，建制多变。元以前，今花溪区建制多不明确。元至元十六年（1279）诸番归附，今高坡、黔陶、中曹一带归属中曹百纳等处长官司。至元二十四年（1287）十二月，金筑寨主搔驴率部归附，置金筑长官司。至元二十六年（1289）升金筑司为金筑府。今花溪、青岩、石板、燕楼、马铃、党武、湖潮等地隶属之。洪武四年（1371）时花溪境内有中曹、百纳、金竹等长官司，并置贵州卫和贵州前卫。隆庆三年（1569），为贵阳府亲辖地。万历十九年（1591）二月改土归流中，以贵竹、平伐二长官司地置新贵县，今花溪区大部分地区属新贵县。万历三十九年（1611），金筑安抚司请求改土归流，清政府将其地置为广顺州。广顺州建制一直延续到清末，今党武、燕楼、马铃等地方归属广顺州。清康熙二十六年（1687）四月，裁贵州卫、贵州前卫，合并置贵筑县，与新贵县同城而治。康熙三十四年（1695）裁新贵县并入贵筑县。今湖潮、孟关乡、青岩、石板、花溪镇等地方归属贵筑县。

花溪是一个多民族聚居区，境内主要分布有汉族、布依族、苗族等。各民族在花溪境内和谐共处，共同开发这片土地，创造了丰富的文化。花溪境内分布有大量碑刻，其中清代碑刻最多。碑刻数量大，价值高。碑刻作为历史活动的产物，记载当地先辈的活动内容，是反映当地历史活动的重要文献资料。

第一节　碑刻遗存现状

碑刻遗存现状包括碑刻的损毁情况以及与之相关建筑的现存情况等。前者关乎碑文的识读，后者则主要影响到对碑文内容的全面理解。探讨碑刻遗存现状，有利于我们加深对碑刻的认识，能真实准确认识所搜集整理的碑刻。笔者搜集整理出花溪清代 69 通碑刻,包括现存和不现存的。对于现存的碑刻,我们则亲临现场誊录碑文,记录与之相关信息。而无存碑刻,我们则从别处摘录。从别处摘录的碑刻有党武乡当阳村黄氏嘉庆二十三年(1818)《承先启后》碑[①]、《青岩镇龙井寨道光二十六年土地纠纷碑》[②]、石板镇石板一村咸丰八年(1858)《十寨乡禁碑》[③]、石板镇花街村康熙三十九年(1700)《应子桥碑记》[④]。以上 4 通碑刻中,前 3 通消失的原因不详,后一通则是因为 1961 年花溪水库蓄水,应子桥被淹,石碑移置村中,后去向不明。因而花溪清代 69 通碑刻中,以上 4 通碑刻不见,其余至今仍存,有 65 通碑刻。以下将对这 65 通碑刻现状进行描述。

一、碑刻风化情况

清代碑刻至今上百年,其碑文清晰情况,取决于石碑材质受风化情况。花溪清代 65 通碑刻中,大部分碑刻材质选择了比较耐风化的白棉石或者青石,且碑立在室内或者树下,免受日晒雨淋,风化不甚严重,因而大部分碑刻的碑文至今还比较清晰,能够准确识读。如燕楼乡谷蒙村尹氏道光二十二年(1842)《百世不易》[⑤]碑(图 1-1)材质是白棉石,立于尹氏祠堂屋檐下,虽有些裂纹,但风化不严重,碑文能够全部识读。也有不少石碑虽立在室外,但有树木遮阳避雨,侵蚀亦不严重,碑文也基本能够全部识读。如马铃乡凯坝村道光二十年(1840)《告示》[⑥]碑(图 1-2)

① 该碑文摘录于党武乡当阳村黄氏家谱,只有碑文,无相关信息。具体碑文内容见附录:规约碑第 7。

② 该碑文摘录于青岩镇龙井村龙井寨龙玉华处,其于 2004 年从村的中院门石碑上誊录下来,只有碑文,无相关信息。具体碑文内容见附录:规约碑第 15。

③ 贵阳市志编纂委员会.贵阳市志:文物志[M].贵阳:贵州人民出版社,1993:98。

④ 贵阳市花溪区地方志办公室.贵阳市花溪区志[M].贵阳:贵州人民出版社,2007:594-595。

⑤ 该碑位于燕楼乡谷蒙村尹氏祠堂内,保持完好。具体碑文内容见附录:规约碑第 13。

⑥ 具体碑文内容见附录:告示碑第 8。

立在室外，但该碑旁有棵空心大树，对该碑起到保护作用，使得碑面极为干净，字迹清晰，碑文基本能够全部识读。

图 1-1　燕楼乡谷蒙村尹氏道光二十二年（1842）《百世不易》碑

图 1-2　马铃乡凯坝村道光二十年（1840）《告示》碑

　　但有些碑刻虽然选用了白棉石或者青石，却因为暴露在外，长期受到烈日大雨的侵蚀，使得碑面损毁，导致碑面大面积或者极个别字难以识别，甚至不复存在，如石板镇合朋村李氏咸丰二年（1852）《禁碑》[①]（图1-3）立在李氏家族墓地，无树木遮阳避雨，裸露在外，因而导致碑面多处风化严重，碑文难以识别，虽能根据部分碑文知悉该碑大致意思，但一些具体内容缺失，导致碑文内容不完整。再如党武乡翁岗村道光二十二年（1842）《永垂不朽》[②]碑风化极为严重，碑文内容不清晰，只大略识出"罚银二两""五钱""官究治""道光二拾二年"等字样。此类裸露在外且无任何保护的碑刻，风化情况不一，影响到碑刻完整性，其史料价值也受到较大影响，实则一大遗憾。总体而言，花溪清代65通碑刻，都有受到自然风化，但基本上能完整识读，风化极为严重、内容模糊不清的极少。

图 1-3　石板镇合朋村李氏咸丰二年（1852）《禁碑》

① 具体碑文内容见附录：规约碑第 17。
② 具体碑文内容见附录：规约碑第 12。

二、碑身破坏情况

碑刻不仅受到自然的无情侵蚀，也会遭到人为的破坏。自然对碑刻的侵蚀是缓慢的，而人为因素对碑刻的破坏则是快速的，甚至是毁灭性的。中华人民共和国成立之前，碑刻在地方的作用受到高度重视，是规范人们行为的重要手段，因而人为破坏很少。20 世纪六七十年代，全中国掀起了"破四旧"运动，中国许多优秀传统文物惨遭毁坏。不少花溪清代碑刻在这场运动中也难逃厄运，遭到了严重破坏。随着社会发展，人民生活水平得到提高，乡村建设快速推进，修路修桥、建修新房等活动，也在一定程度上对碑刻带来了不可避免的破坏。因此，本文所搜集花溪清代 69 通碑刻，并不是花溪清代碑刻的全部，但也基本能够反映花溪清代碑刻的全貌。

根据笔者在搜集碑刻中的探寻、了解，掌握了花溪清代部分碑刻的人为损毁情况。如湖潮乡元方村无量寺原来有 5 通碑刻，在 20 世纪六七十年代，因为"破四旧"运动，庙宇和碑刻被毁，后来当地马正武老人带领村民将其中 3 块碑挖出重立在寺内，另外 2 块则是因埋太深，尚未挖出。这 3 块碑刻，有清代时期 2 通，民国时期 1 通，其中湖潮乡元方村乾隆四十年（1775）《永垂万古》①碑碑身有明显破坏痕迹，碑头断为两块，导致部分版面缺文，如落款处只剩下"拾年岁次乙未六月吉旦立"。根据干支纪年法推测，该碑落款时间应为乾隆四十年（1775）。另外，还有一些碑刻遭到人为破坏，碑身有断痕，影响到碑文识读，如马铃乡凯坝村道光二十年（1840）《告示》碑、党武乡茅草村道光二十七年（1847）《奉府示谕》碑二②、湖潮乡湖潮村同治四年（1865）《永垂不朽》③碑（图

---

① 具体碑文内容见附录：规约碑第 2。
② 该碑立于党武乡茅草村李氏祖坟处，断为上下两截，下截立起，上截躺落在地。该村大井坡另有一块记载内容与前者一样，且立碑时间一样的告示碑，只是前者在后者基础之上稍加了一些内容，故将后者命名为党武乡茅草村道光二十七年《奉府示谕》碑一，前者命名为党武乡茅草村道光二十七年《奉府示谕》碑二。具体碑文内容见附录：告示碑第 11、12。
③ 具体碑文内容见附录：公益事业活动碑第 16。

1-4）、燕楼乡谷蒙村章氏宣统三年（1911）《永垂千古》^①碑（图 1-5）等。有些碑刻则因为地方开发建设而消失不见，如燕楼乡谷蒙村谷蒙寨刘氏光绪十年（1884）建祠碑、花溪乡桐木岭村下板桥寨"义聚平桥"光绪十四年（1888）桥头碑等。

图 1-4　湖潮乡湖潮村同治四年（1865）《永垂不朽》碑

图 1-5　燕楼乡谷蒙村章氏宣统三年（1911）《永垂千古》碑

---

① 具体碑文内容见附录：规约碑第 35。

三、碑刻移动情况

在现存花溪清代碑刻中，不少碑刻都发生过位置移动，移动后有重立的，也有置地平放的。移动的原因比较复杂，有自然倒塌后移动的，如党武乡下坝村道光二十四年（1844）《永遵州示》①碑（图1-6）原立在村口，该碑自然倒塌后，村民将其移到一旁平放，碑面朝上，因而风化较为严重。有被人为破坏后重立的，如前所述的湖潮乡元方村乾隆四十年（1775）《永垂万古》碑、湖潮乡元方村道光五年（1825）《奉宪示》②碑。有因为相关建筑重建而移动的，如花溪镇陈亮村光绪十三年（1881）《建修优昙寺碑》③因为与之相关的优昙寺破败不堪，重建改做村委会大楼，该碑则就近移到一旁平放。碑刻出现移动情况的还有青岩镇谷通村道光十三年（1833）《高峰寺庙田纠纷遵照碑》④、孟关乡付官村咸丰八年（1858）《承先启后》⑤碑、花溪镇吉林村周氏光绪三十一年（1905）《周氏祠堂条规碑》⑥（图1-7）等。

图 1-6　党武乡下坝村道光二十四年（1844）《永遵州示》碑

---

① 具体碑文内容见附录：告示碑第9。
② 具体碑文内容见附录：告示碑第3。
③ 具体碑文内容见附录：公益事业活动碑第17。
④ 具体碑文内容见附录：告示碑第4。
⑤ 具体碑文内容见附录：公益事业活动碑第15。
⑥ 具体碑文内容见附录：规约碑第34。

图 1-7 花溪镇吉林村周氏光绪三十一年（1905）《周氏祠堂条规碑》碑

　　除以上所列碑刻出现移动外，其余现存花溪清代碑刻基本没有出现移动，仍立在原处。这些未移动的碑刻，少部分碑刻就地进行了加固，如裂为上下两截的马铃乡凯坝村道光二十年（1840）《告示》碑两侧砌起 150 厘米高、20 厘米厚的护墙，以免碑上段倾倒。也有些碑刻虽没有移动，但出现下陷的情况，如石板镇花街村罗氏道光二十八年（1848）《训后议》[①]碑下陷约 10 厘米，影响到碑刻底部文字的识读。也有些碑刻因为年代久远，碑刻底部被泥土掩埋，影响到碑文的识读，如黔陶乡骑龙村乾隆四十三年（1778）《龙山小桥碑序》[②]、党武乡茅草村道光二十七年（1847）《奉府示谕》碑等。

四、与碑刻相关之建筑情况

　　碑刻一般不单独出现，而是与相关建筑相伴，少部分碑刻单独出现。花溪清代现存 65 通碑刻，其中单独出现的碑刻有告示碑 14 通、规约碑 14 通，其余碑刻皆与相关建筑相伴出现。

① 具体碑文内容见附录：规约碑第 16。
② 具体碑文内容见附录：公益事业活动碑第 6。

规约碑中，族规碑和水井使用规约碑都有相关建筑。祠堂是一个家族祭祖的重要地方，因而族规碑多立在祠堂之内。如与之相关的党武乡当阳村黄氏祠堂、石板镇花街村罗氏祠堂、花溪镇吉林村周氏祠堂、党武乡翁岗村刘氏祠堂、党武乡掌克村张氏祠堂。这些家族祠堂基本还能窥见原貌，但因为年久失修，大多破败不堪，也有一些家族近年集资重修了家族祠堂，但都是砖瓦结构，不见原家族祠堂原貌，如燕楼乡谷蒙村尹氏祠堂、燕楼乡谷蒙村章氏祠堂。水井是村民用水重要来源，与村民生活密切，水井使用规约碑比较多，相关水井基本存在，如党武乡党武村旧场寨皂角井、党武乡翁岗村大寨龙井、孟关乡付官村梨花寨回龙井、孟关乡改貌村二组水井等。

与公益事业活动纪念碑相关的建筑，受益人多，村民多维护，因此基本存在。如与建桥碑相关的有青岩镇思潜村蒙贡寨宫詹桥、黔陶乡骑龙村龙山小桥、孟关乡付官村三星桥、孟关乡石龙村续嗣桥、黔陶乡黔陶村再新桥等，这些桥经过加固至今还是人们出行的重要通道，也有些被人弃置不走，成为村寨历史的见证。而与建修寺庙碑相关的寺庙，至今多毁坏，或者重修，如孟关乡石龙村玉皇阁（图 1-8）、花溪镇陈亮村优昙寺、黔陶乡骑龙村龙标寺、青岩镇大坝村山王庙等。

图 1-8 孟关乡石龙村玉皇阁遗址

第二节　碑刻形态

碑刻形态主要是对碑刻外观的直观描述,具体涉及碑刻的材质、形制及书写格式等方面。

一、碑刻的材质

花溪清代碑刻以人工打磨立起的碑碣为主。人们记事立碑选取石材时较为讲究,一般选取不易侵蚀的材质,且能就近取材。现存花溪清代 65 通碑刻,材质主要为青石,其次是白棉石,少部分为砂石。

青石耐磨、耐风化,不易被侵蚀,是极为理想的碑刻石材,能屹立风雨中上百年。花溪地区盛产青石,自然成为当地人们立碑首选的石材。花溪青岩镇思潜村康熙五十七年(1718)《建修宫詹桥碑记》①、花溪高坡乡杉坪寨嘉庆十六年(1811)《龙村锁钥》②碑、花溪党武乡旧场寨嘉庆二十五年(1820)《兴隆场碑》③、花溪石板镇盖冗村咸丰八年(1858)《禁碑告白》④碑等大部分花溪清代碑刻均为青石材质。白棉石因为常见易开采,也是花溪清代碑刻重要的材质来源。白棉石耐侵蚀效果没有青石好,因此所立碑刻多在室内,或者在碑旁植树保护。如湖潮乡元方村道光五年(1825)《奉宪示》碑即为白棉石材质,立于寺内;马铃乡凯坝村道光二十年(1840)《告示》碑立于室外,但碑旁植树,现已成参天大树,使得碑免受雨淋日晒,至今仍能辨识碑文。此外,有少量花溪清代

---

① 具体碑文内容见附录:公益事业活动碑第 4。
② 具体碑文内容见附录:规约碑第 4。
③ 具体碑文内容见附录:规约碑第 8。
④ 具体碑文内容见附录:规约碑第 24。

碑刻选择了砂石。如孟关乡付官村咸丰八年（1858）《承先启后》碑的材质即为白砂石，而同村的康熙二十多年的《南无阿弥佗佛》①碑则为红砂岩。这 2 块碑刻选择砂石，可能是与当地盛产砂石有关。据走访，当地不少石头建筑均选择了红砂石，如付官村寨门、三星桥等建筑。

二、碑刻的形制

（一）碑的外形与尺寸

花溪清代碑刻几乎全部为碑碣。碑碣有几种常见的碑形，即圭首碑、圆首碑和方首碑。圭首碑碑身为长方形，碑头为尖顶，尖顶碑状如琰圭，故称。圭首碑多出现在汉代，多与礼法相关，但外形并不是最受人欢迎的造型，因此其也没有成为后世碑刻的主要构形。圆首碑碑头呈半圆形，或者弧形，碑身为长方形，契合古人天圆地方的宇宙观，因此在汉代以后逐渐发展成为碑刻外形的一种主流。方首碑则是一块长方形的石板，质朴简单，在社会下层较为普及。花溪清代 65 通碑刻，其中花溪青岩镇思潜村康熙五十七年（1718）《建修宫詹桥碑记》（图 1-9）、花溪高坡乡高寨雍正九年（1731）《碑记》②碑为圆首碑，其余皆为方首碑。这两块碑刻时代较早，但在后期却没有发现有关记事的圆首碑，可见清初是圆首碑向方首碑过渡的一个重要时期。但清代中后期仍有不少墓碑即为圆首，显得庄严肃穆。在所有花溪清代方首碑中，部分碑刻出现抹角，如花溪湖潮乡元方村乾隆四十年（1775）《永垂万古》碑、花溪黔陶乡乾隆四十三年（1778）《龙山小桥碑序》碑、花溪湖潮乡元方村道光五年（1825）《奉宪示》碑（图 1-10）。抹角处长度不一，约 10～20 厘米。

---

① 具体碑文内容见附录：公益事业活动碑第 2。
② 具体碑文内容见附录：告示碑第 1。

图 1-9 青岩镇思潜村康熙五十七年（1718）《建修宫詹桥碑记》

图 1-10 湖潮乡元方村道光五年（1825）《奉宪示》碑

花溪清代碑刻以碑碣为主，但碑刻的外形尺寸因为记事内容的不同而有所区别。总体而言，官方告示碑高大雄伟，通高在 160 厘米左右，厚约 15 厘米，宽约 70 厘米，显示官威权正。如花溪桐木岭村道光十四年（1834）《县正堂示》碑①高 160 厘米，宽 88 厘米，厚 18.5 厘米；花溪马铃乡凯坝村道光二十年（1840）《告示》碑高 163 厘米，宽 78 厘米，厚 10 厘米；花溪党武乡下坝村道光二十四年（1844）《永遵州示》碑高 165 厘米，宽 67 厘米，厚 7 厘米。

在规约碑方面，家族祠堂碑和水井禁约碑的外形尺寸相对较稳定，变化不大。家族祠堂碑的大小则多与家族势力相关。势力比较强盛的家族所修碑刻则较高大，高多在 160 厘米以上。如花溪党武乡掌克村张氏嘉庆八年（1803）《承先启后》碑②高 220 厘米，宽 80.5 厘米，厚 15 厘米。这是因为党武乡掌克村张氏家族在乾隆年间出现了一个进士张彦，曾任安徽宁国县知县，后卸任回乡建修祠堂，张氏一族发展成为地方显族。嘉庆八年（1803），张澍代理广顺知州，听闻张彦之为，又是同门，即为张氏家族祠堂撰写碑文。花溪镇吉林村老柏杨寨周氏家族亦是地方显族，历史上曾出现不少进士、举人，有"一门七进士"之辉煌③，可见该家族之兴盛，因而周氏家族所立祠堂碑也多高大。如花溪柏杨寨周氏光绪三十一年（1905）《祠堂条规碑》高 165 厘米，宽 76 厘米，厚 18 厘米。除比较显赫家族的祠堂碑比较高大外，其他家族的祠堂碑刻都相对矮小些，但高也有 140 厘米左右，且变化不大。如花溪党武乡当阳村黄氏乾隆三十七年（1772）《祭祀碑记》④高 148.5 厘米，宽 60 厘米，厚 5 厘米；花溪党武乡翁岗村刘氏咸丰八年（1858）《垂裕后昆》碑⑤（图 1-11）高 144 厘米，宽 68 厘米，厚 12 厘米；花溪燕楼乡谷蒙村章氏宣统三年（1911）《永垂千古》碑高 135 厘米，宽 67 厘米，厚 9 厘米。水井禁约碑多立于

① 具体碑文内容见附录：告示碑第 5。
② 具体碑文内容见附录：规约碑第 3。
③ 庞思纯. 明清贵州七百进士[M]. 贵阳：贵州人民出版社，2005：80.
④ 具体碑文内容见附录：规约碑第 1。
⑤ 具体碑文内容见附录：规约碑第 22。

水井边，虽刻有数条禁约，但因为内容相对较少，碑刻也相对矮小，高约 65 厘米。如花溪党武乡道光六年（1826）《皂角井碑》[①]高 68 厘米，宽 63 厘米，厚 6 厘米；花溪孟关乡付官村道光八年（1828）《水井使用规约碑》[②]高 65 厘米，宽 38 厘米，厚 10 厘米；花溪孟关乡改貌村咸丰三年（1853）《水井使用规约碑》[③]高 61 厘米，宽 55 厘米，厚 10 厘米。其他规约碑因为记事内容多少而有不同尺寸，变化较大，但高多在 100 厘米左右，这里不一一介绍。

图 1-11　党武乡翁岗村刘氏咸丰八年（1852）《垂裕后昆》碑

---

① 具体碑文内容见附录：规约碑第 9。
② 具体碑文内容见附录：规约碑第 11。
③ 具体碑文内容见附录：规约碑第 18。

公益事业活动碑方面，外形尺寸变化也不大，高多在 125 厘米左右。如花溪石板镇花街村康熙三十九年（1700）《应子桥碑记》高 120 厘米，宽 69 厘米，厚 15 厘米；花溪黔陶乡乾隆四十三年（1778）《龙山小桥碑序》高约 113 厘米，宽 65 厘米，厚 21 厘米；花溪湖潮乡乾隆四十六年（1781）《永流万古碑》①高 121 厘米，宽 50 厘米，厚 13 厘米；花溪黔陶乡嘉庆十二年（1807）《再新桥》碑②高 138 厘米，宽 75 厘米，厚 45 厘米；花溪马铃乡盐井村《双圆桥》③碑高 131 厘米，宽 63 厘米，厚 17 厘米；花溪孟关乡付官村咸丰八年（1858）《承先启后》碑高 124 厘米，宽 67 厘米，厚 12 厘米。也有相对较高大或者矮小的建桥功德纪念碑，高大者如花溪青岩镇思潜村康熙五十七年（1718）《建修宫詹桥碑记》高 198 厘米，宽 83 厘米；花溪青岩镇思潜村嘉庆十四年（1809）《克笃前烈》碑④高 190 厘米，宽 82 厘米；花溪孟关乡石龙村光绪二十九年（1903）《永垂不朽》碑⑤高 220 厘米，宽 86 厘米，厚 16 厘米。矮小者如花溪孟关乡付官村康熙年间《南无阿弥佗佛》碑⑥高约 62 厘米，宽 62 厘米，厚 25 厘米；花溪高坡乡杉坪村嘉庆十七年（1812）《修路碑记》碑⑦高 50 厘米，宽 32 厘米，厚 8 厘米。

总而言之，花溪清代碑刻除《龙标寺碑记》⑧外，外形皆为竖起的长石板，方首为多，外形具体尺寸，因记事内容和立碑者身份不同而异。一般来说，与官府告示相关的告示碑则比较高大，凸显官方力量的强大，起着较好的威慑作用。势力较为强大的家族所立的祠堂碑，以及与重要历史人物相关的碑刻或者在重要场合所立碑刻也相对较高大，这一来是因为建造资金宽裕，二是彰显人们的重视。其他碑刻则较为中规中矩，多在 130 厘米高左右，这应该是比较普遍的外形尺寸。有些碑刻因为记事内容相对较少，碑刻外形尺寸也相对矮小，如水井禁约碑等。

---

① 具体碑文内容见附录：公益事业活动碑第 7。
② 具体碑文内容见附录：公益事业活动碑第 8。
③ 具体碑文内容见附录：公益事业活动碑第 20。
④ 具体碑文内容见附录：公益事业活动碑第 9。
⑤ 具体碑文内容见附录：公益事业活动碑第 19。
⑥ 具体碑文内容见附录：公益事业活动碑第 2。
⑦ 具体碑文内容见附录：公益事业活动碑第 10。
⑧ 具体碑文内容见附录：公益事业活动碑第 1。

（二）碑座与碑帽

为了防止碑刻陷落，人们都打造碑座，以安置石碑。碑座根据碑身宽度和厚度进行设计，基本碑座要宽于碑身。笔者调查花溪清代碑刻都有碑座，但大部分碑座因下陷或者被泥土掩埋，基本看不到全貌，无法进行测量。有少部分碑座可见全貌，如花溪孟关乡付官村咸丰八年（1858）《承先启后》碑有莲花座，雕刻有线条，碑座高 87 厘米，长 34 厘米，厚 54 厘米。碑帽立在碑身顶端，一般由另一块石头雕刻而成。碑帽如房顶状，可以保护碑身免受雨淋日晒，起到保护作用，而且显得也更为庄重美观。花溪清代碑刻基本没有碑帽，少部分有碑帽，如花溪青岩镇思潜村康熙五十七年（1718）《建修宫詹桥碑记》、花溪青岩镇思潜村嘉庆十四年（1809）《克笃前烈》碑（图 1-12）。

图 1-12　青岩镇思潜村康熙五十七年（1718）《建修宫詹桥碑记》（右）与嘉庆十四年（180）《克笃前烈》碑（左）

三、碑刻的书写格式

人们将扁平长石条的一面打磨光滑，用来镌刻碑文，称为碑阳。发展成熟的碑刻，在碑面镌刻碑文有稳定格式，包括碑额、首题、序文、条约、芳名、落款等内容。

（一）碑额与首题

碑额又称"碑首""碑头"，指碑的头部，也包括碑头的题字。碑额题字有提纲挈领的作用，看到碑额就基本上能知道是什么类型的碑刻，或者表达一种主观愿望。花溪清代碑刻大部分有碑额，从右往左阴刻楷书，字倍大于正文，约 10 厘米见方。如花溪马铃乡凯坝村道光二十年（1840）《告示》碑额楷书阴刻"告示"二字，每字 10 厘米见方，正文约 3 厘米见方；花溪石板镇盖冗村咸丰八年（1858）《禁碑告白》碑碑额楷书阴刻"禁碑告白"四字，每字 10 厘米见方；花溪乡洛平村光绪二十四年（1898）《永垂不朽》碑①碑额阴刻楷书"永垂不朽"四字，每字 10 厘米见方。有些碑额不仅有题字，还有纹饰，如花溪高坡乡高寨村雍正九年（1731）《碑记》碑碑额题"碑记"二字，每字 15 厘米见方，两字中间有一个铜钱图样；花溪湖潮乡元方村乾隆四十年（1775）《永垂万古》碑碑额刻有"永垂万古"四字，每字 8 厘米见方，在碑额题字上有一个太极图案，两边绘有祥云。碑额题字根据记事内容而有固定用词，如告示碑多会用"示""谕"等字，比如花溪桐木岭村道光十四年（1834）《县正堂示》碑碑额题写"县正堂示"四字；家族祠堂碑碑额多写"承先启后""垂裕后昆"等字；规约碑则多加"禁""永垂不朽"等字样；公益事业活动碑刻碑额多"永垂不朽"字样，部分建桥碑碑额直接书写桥名，如花溪孟关乡石龙村道光十五年（1835）《续嗣桥》碑②碑额题写"续嗣桥"三字，花溪马铃乡盐井村《双圆桥》碑额书写"双圆桥"三字。

首题是碑刻第一行起标题、总领作用的铭刻文字，镌刻在碑面最右侧，竖直顺写而下。一般有碑额的碑刻就没有首题，无碑额则有首题，如花溪石板镇花街村罗氏道光二十八年（1848）《训后议》碑没有碑额，但首

---

① 具体碑文内容见附录：规约碑第 33。
② 具体碑文内容见附录：公益事业活动碑第 13。

题"训后议",这种碑刻比较少。但也有部分碑刻既有碑额又有首题,如花溪孟关乡付官村康熙年间《南无阿弥陀佛》碑碑额书写"南无阿弥陀佛"六字,又首行题"建修三星桥碑记";花溪孟关乡石龙村光绪二十九年(1903)《永垂不朽》碑碑额刻写"永垂不朽",首题"重修玉皇阁记"。有些碑刻既没有碑额也没有首题,如花溪孟关乡改貌村咸丰三年(1853)《水井使用规约碑》。这类碑刻也比较少,目前花溪地区仅此一块既无碑额也无首题的碑刻。

(二)正　文

1. 告示碑

告示碑是官府针对某一民事案件或者社会问题而立的。告示碑最初应为官府贴出的告示,地方人士特意将其镌刻在石头上,以垂不朽。告示碑是官府发出的一种应用性榜文,有固定书写格式,左行竖直书写。我们以花溪马铃乡凯坝村道光二十年(1840)《告示》碑为例,其碑文如下:

署广顺州正堂加五级记录十次杨为严禁增收钱粮积弊事。照得住土作□岁有常经额外苛增,法当重究所有。道光二十年地丁钱粮自开征以前,曾经示谕各花户,应遵照旧章投柜完纳在案。兹据从仁里摆茶等寨具禀,□等从仁里各寨地丁各照旧规加五上纳,接年无异。近回户书马云章催征该里地丁,擅敢更改旧章等情,到州,除提马云章讯究外,合行出示晓谕,为此示。仰各花户及书役人等知悉。嗣后,凡有粮花户自应遵照旧加五完纳,毋得抗延包揽□渔,该书役亦不得从中抑勒,格外苛征。所有 库践 遵照部颁法码较准征收设;或毫松星朦,许即禀请核换;或银色不足,亦应令花户自行倾销足色,免致□厘退水,借端索勒之弊。自示之后,倘敢仍前苛勒生事,定即严拿究办,绝不姑宽。各宜凛遵毋违,特示。

凯儒寨、摆茶寨、扯扒寨、凯伦寨

道光二十年十二月十九日立

该碑首先是说明发布告示碑文官员的官职和考评等级，并加上该官员姓氏。其开头就写"署广顺州正堂加五级记录十次杨"，这就说明该官员为广顺州知州，考评等级为加五级记录十次，姓杨。紧接着说明发布告示碑的目的，即为"严禁增收钱粮积弊事"，随后会继续说明该案件的来由以及处罚结果，指出有户书马云章擅自增收钱粮，导致民众生怨，因而要求户书不准擅自增收钱粮，同时要求花户按时缴税。在碑文最后一般会有警告性语言，"自示之后，倘敢仍前苛勒生事，定即严拿究办，绝不姑宽。各宜凛遵毋违，特示"。该类告示碑针对性较强，一般也会指明碑文所针对地区，该碑文中的凯儒寨、摆茶寨、扯扒寨、凯伦寨即是发生该案件的地区，因而也特谕这几个村寨。

2. 规约碑

规约碑有明确规约条例，可以规范人们的行为。规约碑一般是针对某一不合理行为而立，也有是为维护某一场地秩序而立。以上两种所立规约碑，因为内容有差异，具体行文格式也有一定差异，因而我们将其分为"某事规约碑"和"某地规约碑"两大类。

（1）某事规约碑。

某事规约碑是针对某一不合理行为而立，针对性较强。我们以花溪党武乡当阳村道光二十四年（1844）《永同日月》碑[1]为例，其碑文如下：

自古天开地闼，始太极以初分山峙川流，由两仪而肇判万山一脉，肇启昆仑千□□原分行洱甸，故八卦始分生□，运门义开，七政同流，五元之形，方立生成之众本□□洛，故本立道生，岂天木本水源之基，故太祖发源分支于寰宇矣。然而我寨后□一□自梓枝下殿，不远千里而来，穿田迁，渡距海，崩洪重重，开帐叠叠，生泽而水带山□方□□，从而侍左右，而胎息孕育之所亦钟灵焉。突于此际顿赴，天柱落脉住绩□□居民，虽不龙蟠虎踞，号曰众鼻□□实沄谬矣。自历以来，建设此寨护

① 具体碑文内容见附录：规约碑第 14。

蓄数百余年，禁止砍伐开挖，以培风水，可美竹木畅茂，树林森森，笃生万物，衍发千可，皆赖后龙公山之所，□士登贤书，农乐田畴，工精艺业，商茂易而人寿物丰，实系风水之攸关也。□于□乾隆年间，奸徒二次砍伐①，纵火焚山，估众开挖以为私业，上□公议迎神踏勘二以即行赴州县，□多□约邻乡长，不忍参商和会，封山当□，可凭永不砍伐□下金论。以至道光二十四年②又出不法奸党，盗四寇薮之，□势强押众，倚仗其威自行势□以砍伐本寨，源霸井填基，估占亩地，开挖后□以为彼之私业。古云：地以脉为气，□□为形，□脉伤则人物难保，山以草为毛，土为由草，土开则□受刑。故我等合寨数百户，余土□□，议业则攸关命，有脉寄陡迁□□伐木掘土，所以异合寨之晦气，我辈目靓不忍，只得复行具□□思□□□众前□差提讯，又□约邻乡长即赴州衙挽和，断栽界开井，封山复书穷□永不砍伐开挖，免伤□□元气以□大寨平安□无恙□令□寨众议：倘于中居有不法奸细暗含成党，私自砍伐，裡□外合者，众人查出遂官究□勿言。公□□□□□是□

道光二十四年十一月吉旦立大寨众姓全立

这是一通典型的"某事规约碑"，即党武乡当阳村为针对当地出现的一些不法之徒恶意砍伐树木之事而立。碑文先是介绍地方风水情况，接着描述地方"奸徒"多次砍伐树木，"纵火焚山"，侵占土地为私有等情况，后立下规约"倘于中居有不法奸细暗含成党，私自砍伐，裡□外合者，众人查出遂官究□勿言"。最后落款时间，部分碑刻镌刻有共同立碑之人名。这类规约碑常通篇论述某一不合理行为出现的过程以及所造成之影响，最后立下寥寥几句规约。但因为这一不合理行为造成影响极大，牵涉人极多，因而惩处也是极为严重，一般是公众直接将犯事之人送到官府。"某事规约碑"多涉及风水、祖坟和征税等事，此类碑刻还有花溪高坡乡杉坪村嘉庆十六年（1811）《龙村锁钥》碑、花溪石板镇花街村罗氏咸丰九年（1859）《为善最乐》碑①等。

---

① 具体碑文内容见附录：规约碑第25。

（2）某地规约碑。

某地规约碑是为了保障某一地的正常运转秩序而立的碑，旨在预防某些不合理行为的出现，针对人群较复杂。我们以花溪石板镇镇山村咸丰八年（1858）《十寨乡禁碑》为例，其碑文如下：

盖闻国以民为本，民以食为天。自因乡规未启，盗窃滋犯，刻为碑记，永免贼害。

一议：贼入境盗窃家财、六畜等，不光齐集本寨，鸣锣吹角，分路追赶，邻寨闻声，各守要路，拿获送交县官究治。

一议：盗窃五谷、竹木，拿获交集本团甲长分议，除赔还外，再议口罚。

一议：盗窃草厂、菜、谷，拿交总甲，除赔偿外，再议口罚。

一议：六畜践踏五谷者，拿获交甲长，相地赔还。如不遵者，再投总甲认罚。

一议：失遗有由，准给搜寻，口口不得转行坐护，违者送县官究治。

一议：毒鱼打鸟者，拿获罚钱一万口千文。倘见者不说，口亦罚钱五百文。

一议：乞丐入寨，除老弱以外，不准口文。

一议：违令该罚之人，如有恃横不依者，交县官究治。

以上诸条皆由众定。一寨有事，各寨同体。倘有坐视，公同议口，如再不遵，禀官究治。所定乡规，春秋两禁。每年约定六月十五日一会，如有一人不至，罚钱一千。

天鹅寨、半边山、龙场坡、小高寨、大高寨、摆巷、摆笼、井猫洞、芦茨寨、茨凹

咸丰八年六月十五日十寨公立

这是石板镇十寨汉、布依、苗三个民族为了维护当地社会秩序而立的"某地规约碑"。这类碑刻先是撰写序文，主要是说明立碑缘由，序文长短不一。随后便刊刻出公议讨论出来的条约，条约是围绕"某地"而立，一般有三到十条不等。条约有针对某人而立，也有针对某一事而立，同

时列出不同惩罚手段，轻则罚物、罚钱，重则驱逐出当地或者送官。条约后面会有补充说明，有要求认真遵守的，也有强调惩罚的。最后落款，一般落款留下立碑带头人，或者立碑的村寨，然后是时间。这类规约碑是围绕某地而立，这个"地"可以是一个或者数个村寨、一个家族、一条河、一口井，内容涉及日常生活方方面面，如用水、种菜、环保等。牵涉之事比较多，有小有大，因而惩罚手段较多。需要特别注意的是，"某地规约碑"因为条约比较多，一般每条条约另起一行，并在每条条约前刻有"－"符号。这类碑刻比较多，有花溪燕楼乡谷蒙村咸丰四年（1854）《一六生成》碑①、花溪黔陶乡骑龙村光绪十三年（1887）《有言奉告骑龙寨公议乡规碑》②、花溪湖潮乡新民村光绪十三年（1887）《永垂不朽》碑③等。

规约碑书写格式主要以"某事规约碑"和"某地规约碑"这两大类为主，其他规约碑因记事内容和目的差异，多少有点不同，但也有较多类似之处，区别不大。如花溪燕楼乡谷蒙村同治元年（1862）《万古禁止》碑④，其立碑时间镌刻在碑右面第一行，无序文，直接陈述条规四条，后列立碑带头人。这块碑行文格式与"某地规约碑"有所不同，但却是为了保护当地河水而立，刊刻出数条规约，因而也可以归入"某地规约碑"。

3. 公益事业活动纪念碑

公益事业活动纪念碑，是为了纪念个人或者众人为地方公益事业做出的贡献所立的碑，地方公益事业可以是修路建桥，也可以是建修宗祠庙宇等。纪念碑一般会明确镌刻与某公益事业相关的人物，如捐资者、石匠等等，字里行间溢满赞美之情。根据纪念人数不同，我们将公益事业活动纪念碑分为两类，一是为纪念个人之功劳而立之碑，一是为纪念众人之功劳而立之碑。

---

① 具体碑文内容见附录：规约碑第19。
② 具体碑文内容见附录：规约碑第31。
③ 具体碑文内容见附录：规约碑第32。
④ 具体碑文内容见附录：规约碑第28。

我们以花溪青岩镇思潜村康熙五十七年（1718）《建修宫詹桥碑》为例，其碑文如下：

宫詹桐野周夫子，吾师也，品度端凝，道德纯粹，学问文章真足楷模千古，为吾前一代宗匠。少读书时，见官塘河为往来通冲，苦无舟楫桥梁以济行。春夏之间，溪水泛长，洪涛巨浪，行者甚至伤生。吾夫子慨然以津梁为己任，此慈航之心即宋学士竹筏之意也。甲戌岁公以首解入翰苑侍从，禁□二十年，屡官宫詹。沐圣人子宠□，奉命四方驰逐，王程遂尔未时风志，晚年攖疾时，尚惓惓于此桥，嘱季公又溪先生辈代成其志。今又溪鸠工庀材，择期建造，坚久其制度，弘大其规□□□不啻坦途焉。厥工告成即以公之官名之，盖以示后人之不忘公，并不忘公济人之心。城亦乐公志之成，而思公功德之大也，故爰笔敬书，用垂不朽云尔。

赐进士及第骠骑将军受业曹维城谨撰

億 万

    宫 詹 桥

斯 年

康熙五十七年三月吉日立

该碑是一通典型的为纪念个人之功劳而立之碑。为了纪念周起渭捐资建修该桥之功劳，地方人士特意请来武状元曹维城撰写碑文。曹维城以散文体裁叙述了周起渭的品行、成长过程、修桥缘起等内容，行文间满是赞美之情，"乐公志之成，而思公功德之大也"，肯定了周起渭建桥之功劳，并提议该桥以周起渭最高官职命名之，即为"宫詹桥"。独立完成公益事业之人，非官即富，因而所立之纪念碑碑文一般请较为有名望之人撰写，如花溪青岩镇思潜村康熙五十九年（1720）《建修宫詹桥碑》碑文是由贵州唯一一个武状元曹维城撰写，花溪青岩镇思潜村嘉庆十四年（1809）《克笃前烈》碑是由"赐进士出身翰林院检讨浙江道监察御史前提督湖南学政"何学林撰写，而石板镇花街村康熙三十九年（1700）《应子桥碑记》是由"乡贡进士出身文林郎前知河南开封府寒城县事充丙子□□□同考官钦定监察御史眷侄刘子章顿首拜撰。钦赐甲戌科进士任翰林院检讨年侄周起渭拜首书丹"。

以上所立之碑是为纪念个人之功劳，还有一类是为纪念众人之功劳而立之碑。我们以花溪湖潮乡湖潮村同治四年（1865）《永垂不朽》碑①为例，其碑文如下：

今夫黔地名洞由来已久，乃天造地设之犹存，亦人之所宜修补也。然洞处乎元、大、湖三寨之间，名虽外洞，号曰"泰平"。自古迄今，其所以利于斯世者，非只一世而已，迨至我清朝以来二百数十余载，民安物阜，只与永享太平。不料干戈四起，万民离散，老弱转乎沟壑，壮□累遭兵革之惨者，亦甚不乏人矣。欲待奔驰，无奔驰之地；意滇注迹，无迹之所，是以日后联达并未有扶危济急之策。朝夕永叹，思得一暨身远害之方，若非名洞何以援今。乃七人为首，相邀数十余户捐金培补，致使老幼无离散之苦，妇女免戮辱之忧。辛工果已圆成，然乎未能过乎城垣之坚固，亦可与之等量而齐观，任蚕贼之猖狂，其奈我何焉。皇天之庇佑，仗洞府之威灵，但愿贼匪早灭，国泰民安，使贼永不至此，亦吾数十户人之幸也，又何莫非黔地名洞之灵乎！兹慎怆惶之际，虽则以效法乎古人，亦可以传流于后世矣，岂不美哉！以是为序。

其有芳名开列于左。

首士：石玉珍、□有德、叶天德、张凤喧、叶起有、游文学、熊起曹、孟鸿

计开：黄廷有、孟淯、周应学、叶志、孟政斐、李泰朝、张凤文、起登申、杨有元、陈□礼、孟教、张有庆、游尚宽、张凤和、石老三、游赵英□、孟禄、游有玉、□张保、叶善保、游赵华、孟烟、游有方、石

---

① 具体碑文内容见附录：公益事业活动碑第16。

文富、叶天元、游赵发、孟俊、高必贵、石有用、陈大用、游大幺、孟林、石起灿、□起□、向起祥、游吴氏、孟政鳌、胡起志、□大才、游赵林、吴召长、孟旭、孟祥、□政申、石老三、游登材、孟瑷、徐德应、叶天祥、姚大受、游二贵、孟兴、高老三、□黄氏、何朝凤、起永贵、孟灵、高必发、叶天有、陆富才、游杉贵、孟仁、□□。

工资用费：前后共用□银陆□两

石匠：王光仲、吴国海

大清同治四年孟夏月榖旦立

该碑是一通典型的为纪念众人之功劳而立之纪念碑。同治初年，贵阳周边战事连连，局势极为不稳定，周边不少村寨纷纷集资修建营盘以自保。该碑所言即是村民为自保而集资修补"泰平洞"之事。这类碑铭前有序文，叙述建修之经过，后附捐资芳名。一般序文与芳名同刻在一块石碑上，有些公益事业活动因为捐资人比较多，也会附加一块石碑专门用来镌刻捐资芳名。芳名镌刻格式是，在序文后顶格从右往左排列，一直到碑左面约 15 厘米，然后再另下一行从右往左排列，直到所有芳名镌刻完。附捐资芳名有两种，一是统一罗列芳名，最后总计捐资金额；一是每个芳名后加捐资金额，比较具体。此处举例之碑芳名罗列方式是为前一种。公益事业的完工还得益于石匠，为了纪念也会添加石匠芳名，附在捐资芳名后面。最后落款时间，在碑最左面。这种为纪念众人之功劳而立之碑比较多，有花溪黔陶乡骑龙村乾隆四十三年（1778）《龙山小桥碑序》、花溪陈亮村光绪十三年（1887）《建修优昙寺碑》、花溪青岩镇大坝村咸丰二年（1852）《山王庙碑》[①]。

（三）落款时间

一通碑刻的最后，一定会有落款时间，如此才能起到记事警醒之用。

① 具体碑文内容见附录：公益事业活动碑第 14。

落款时间可以说是碑文的重要组成部分，而且深有讲究。"告示碑"落款时间比较简单，刊刻在碑最左面，直接书写当时皇帝年号及日期，一般不会在前面加"大清"二字，后面也不会加"吉日"二字，显得严谨而规范。如花溪桐木岭村道光十四年（1834）《县正堂示》碑落款时间是"道光十四年六月二十八日"。

规约碑和公益事业活动纪念碑一般请地方文人撰写，文学性比较强，因而落款时间形式比较灵活复杂，多加用干支纪年，喜用代称，用词喜庆，常出现"大清""岁次""穀旦""吉旦"等词。"大清"表示是对清王朝的称呼。"岁次"是指年次，一般在后面加干支纪年。"穀旦""吉旦"表示良辰吉日，表示人们选择在一个重要日子立碑，也显示他们对立碑之事的重视。以上用词选用比较灵活，可以全用，也可以随意搭配。如花溪党武乡当阳村黄氏咸丰十一年（1861）《万古不磨》碑①落款时间为"大清咸丰十一年岁次辛酉孟春月吉立"，花溪党武乡掌克村张氏嘉庆八年（1803）《承先启后》碑落款时间是"大清嘉庆八年岁次癸亥桂月中秋穀旦立"。也有些规约碑和公益事业活动碑落款时间比较简洁，如花溪党武乡下坝村道光六年（1826）《德泽常昭》碑②落款时间是"道光六年三月吉旦立"，花溪燕楼乡谷蒙村咸丰四年（1854）《一六生成》碑落款时间是"咸丰四年十二月二十一日"。有些碑刻因为是众人合立，因而在落款时也多会出现"众""合""公"等字眼，如花溪燕楼乡谷蒙村尹氏道光二十二年（1842）《百世不易》碑落款是"道光二十二年八月初十日合族建立"，花溪石板镇镇山村咸丰八年（1858）《十寨乡禁碑》落款为"咸丰八年六月十五日十寨公立"。

---

① 具体碑文内容见附录：规约碑第 26。
② 具体碑文内容见附录：规约碑第 10。

第三节　碑刻的时代性与地域性

　　根据田野调查搜集，笔者整理出花溪清代碑刻 69 通。花溪清代 69 通碑刻内容全面，记事较为清晰，分布地域广泛。由于自然和人为因素，花溪不少清代碑刻都不复存在。搜集整理的这些碑刻虽不是花溪地区清代碑刻的全部，但基本上能窥探花溪清代时期碑刻的大致面貌，具有一定的时代性和地域性。根据本书撰写的需要，我们根据花溪清代 69 通碑刻的内容，将这些碑刻分为规约碑、告示碑、公益事业活动碑三大类。69 通碑刻相关信息见表 1-1。

表 1-1　贵阳市花溪区清代碑刻基本情况简表

分类	序号	帝王年号纪年	公元纪年	地点	碑名（碑额）
规约碑	1	乾隆三十七年	1772	党武乡当阳村黄氏祠堂	《祭祀碑记》
	2	乾隆四十年	1775	湖潮乡元方村无量寺内	《永垂万古》碑
	3	嘉庆八年	1803	党武乡掌克村张氏祠堂	《承先启后》碑
	4	嘉庆十六年	1811	高坡乡杉坪寨	《龙村锁钥》碑
	5	嘉庆二十年	1815	党武乡当阳村	《笃意栽培》碑
	6	嘉庆二十二年	1817	杉坪寨	《杉坪断碑》
	7	嘉庆二十三年	1818	党武乡当阳村黄氏家谱记载	《承先启后》碑
	8	嘉庆二十五年	1820	党武乡旧场寨	《兴隆场碑》
	9	道光六年	1826	党武乡旧场东面的皂角井北边	《皂角井碑》
	10	道光六年	1826	党武乡下坝村	《德泽常昭》
	11	道光八年	1828	孟关乡付官村梨花寨	《永禁碑记》
	12	道光二十二年	1842	翁岗村大寨与小寨交接处上升泉水井（也称龙井）边	《永垂不朽》碑

分类	序号	帝王年号纪年	公元纪年	地点	碑名（碑额）
规约碑	13	道光二十二年	1842	燕楼乡谷蒙村谷蒙寨尹氏宗祠	《百世不易》碑
	14	道光二十四年	1844	党武乡当阳村村口	《永同日月》碑
	15	道光二十六年	1846	青岩镇龙井村	《龙泉寺庙产具结书碑》
	16	道光二十八年	1848	石板镇花街村高山罗氏祠堂	《训后议》碑
	17	咸丰二年	1852	石板镇合朋村	《禁碑》
	18	咸丰三年	1853	孟关乡改貌村	《水井使用规约碑》
	19	咸丰四年	1854	燕楼乡谷蒙村	《一六生成》碑
	20	咸丰五年	1855	青岩镇思潜村	《牛厂碑》
	21	咸丰八年	1858	石板镇镇山村	《十寨乡禁碑》
	22	咸丰八年	1858	党武乡翁岗村新寨刘氏祠堂	《垂裕后昆》碑
	23	咸丰八年	1858	党武乡翁岗村新寨刘氏祠堂	《孝思维则》碑
	24	咸丰八年	1858	石板镇盖冗村	《禁碑告白》碑
	25	咸丰九年	1859	石板镇花街村高山罗氏祠堂	《为善最乐》碑
	26	咸丰十一年	1861	党武乡当阳村黄氏祠堂	《万古不磨》碑
	27	咸丰十一年	1861	党武乡翁岗村	《永垂不朽》碑
	28	同治元年	1862	燕楼乡谷蒙村翁岗河畔	《万古禁止》碑
	29	同治十二年	1873	花溪镇吉林村老柏杨寨	《周氏祠堂禁规碑》
	30	光绪元年	1875	高坡乡杉坪寨	《永垂百世》碑
	31	光绪十三年	1887	黔陶乡骑龙村	《有言奉告骑龙寨公议乡规碑》
	32	光绪十三年	1887	湖潮乡寅贡寨前的水井旁古柳树下	《永垂不朽》碑
	33	光绪二十四年	1897	花溪乡洛平村关口寨	《永垂不朽》碑
	34	光绪三十一年	1904	花溪镇吉林村老柏杨寨	《周氏祠堂条规碑》
	35	宣统三年	1911	燕楼乡谷蒙村章氏祠堂	《永垂千古》碑

续表

分类	序号	帝王年号纪年	公元纪年	地点	碑名（碑额）
告示碑	1	雍正九年	1731	高坡乡高寨大队公路边丛林中	《碑记》
	2	道光二年	1822	金竹镇金山村	《巡抚部院糜示碑》
	3	道光五年	1825	湖潮乡元方村无量寺内	《奉宪示》碑
	4	道光十三年	1833	青岩镇谷通村	《高峰寺庙田纠纷遵照碑》
	5	道光十四年	1834	桐木岭村石头寨	《县正堂示》碑一
	6	道光十六年	1836	桐木岭村石头寨	《县正堂示》碑二
	7	道光二十年	1840	青岩镇新楼村麻简	《请示勒石》碑
	8	道光二十年	1840	马铃乡凯坝村	《告示》碑
	9	道光二十四年	1844	党武乡下坝村	《永遵州示》碑
	10	道光二十六年	1846	久安乡丫坡寨	《道光丫口寨禁开煤窑碑》
	11	道光二十七年	1847	党武乡茅草村	《奉府示谕》碑一
	12	道光二十七年	1847	党武乡茅草村	《奉府示谕》碑二
	13	光绪元年	1875	高坡乡批林村	《永定章呈》碑
	14	光绪二十四年	1898	党武乡翁岗村摆头山活佛寺	《定期完纳赋税碑》
公益事业活动碑	1	顺治十七年	1660	黔陶乡骑龙村	《龙标寺碑记》
	2	康熙二十…		孟关乡付官村	《南无阿弥佗佛》碑
	3	康熙三十九年	1700	石板镇花街村	《应子桥碑记》
	4	康熙五十七年	1718	青岩镇思潜村蒙贡寨	《建修宫詹桥碑记》
	5	乾隆四十一年	1776	马铃乡马铃村水车坝寨	《永垂不朽》碑
	6	乾隆四十三年	1778	黔陶乡骑龙村	《龙山小桥碑序》
	7	乾隆四十六年	1781	湖潮乡车田村	《永流万古碑》
	8	嘉庆十二年	1807	黔陶乡黔陶村	《再新桥》碑
	9	嘉庆十四年	1809	青岩镇思潜村蒙贡寨	《克笃前烈》碑
	10	嘉庆十七年	1812	高坡乡杉坪寨	《修路碑记》

续表

分类	序号	帝王年号纪年	公元纪年	地点	碑名（碑额）
公益事业活动碑	11	道光四年	1824	青岩镇文昌阁	《朝阳寺文昌阁碑序》
	12	道光六年	1826	党武乡下坝村	《传流勿替》
	13	道光十五年	1835	孟关乡石龙村	《续嗣桥》碑记
	14	咸丰三年	1853	青岩镇大坝村	《山王庙碑》
	15	咸丰八年	1858	孟关乡付官村	《承先启后》碑
	16	同治四年	1865	湖潮乡湖潮村	《永垂不朽》碑
	17	光绪十三年	1887	花溪乡陈亮村	《建修优昙寺碑》
	18	光绪二十七年	1901	党武乡翁岗村	《重修活佛寺诗碑》
	19	光绪二十九年	1903	孟关乡石龙村	《永垂不朽》碑
	20	不明	不明	马铃乡盐井村	《双圆桥》碑

从表 1-1 中我们可以看到，花溪清代碑刻以规约碑为主，有 35 通。规约碑包括有乡规民约碑和族规碑。其次是公益事业活动碑，有 20 通。最少的是告示碑，只有 14 通。

一、碑刻的时代性

碑刻作为人类历史活动的产物，深深烙下人类历史的痕迹。花溪清代 69 通碑刻中，其中年代最为久远的当属花溪黔陶乡骑龙村顺治十七年（1660）《龙标寺碑记》，至今 356 年。而年代最近的为花溪燕楼乡谷蒙村章氏宣统三年（1911）《永垂千古》碑，至今 105 年。以上两块碑相隔 251 年，与清 1658 年攻占贵阳至清亡的 262 年相差无几。从这一点来看，花溪清代现存碑刻相对来说还是比较全面的。根据花溪清代碑刻的具体时代分布制成表 1-2。

表 1-2　贵阳市花溪区清代碑刻时代分布表

时代 ＼ 类别	规约碑	告示碑	公益事业活动碑	小计
顺治	0	0	1	1
康熙	0	0	3	3
雍正	0	1	0	1
乾隆	2	0	3	5
嘉庆	6	0	3	9
道光	8	11	3	22
咸丰	11	0	2	13
同治	2	0	1	3
光绪	5	2	3	10
宣统	1	0	0	1
不明	0	0	1	1
小计	35	14	20	69

从表 1-2 中可以看出，在总的碑刻的时代分布上，花溪清代碑刻几乎在清朝每一个皇帝在位时期都有，说明了花溪清代碑刻在时代分布上呈普遍性和延续性，较为全面，可以作为系统研究的对象。在总的碑刻的时代分布趋势上，清朝中后期的碑刻所占比重最大，清朝前期和末期的则相对较少，基本呈“∩”曲线分布。花溪清代碑刻的这一时代分布趋势与清朝在贵州的开发趋势相吻合。在清朝早期，特别是雍正在贵州改土归流之前，贵州地方局势并不稳定。明末清初经过多年的战争，导致贵州人口大量锐减，土地荒芜；残留在贵州的南明势力继续与清朝抗争，并时而与地方土司串联，发动局部战争，导致地方社会出现不稳定因素；此外，贵州仍有大片区域在土司的控制之下，汉文化没有深入影响到这些地区。在社会形势不明朗，经济萧条，加之汉文化不流行的情况下，花溪清代早期的碑刻分布较少也是可以理解的。雍正改土归流之后，贵州的形势较为稳定，经过乾隆、嘉庆两朝的开发，贵州地方社会发展迅

速，经济复苏，并发展到一个新高度。这一时期，地方许多家族经过近百年的发展，已经繁衍壮大，并积累了不少的财富，于是纷纷建修家族祠堂，并刻碑纪念。据统计，花溪清代有关建修家族祠堂的碑刻，乾隆时期 1 块、嘉庆时期 2 块、道光时期 2 块，这基本反映了这一时期花溪地区家族发展的情况。伴随地方社会发展的同时，到清朝中期也出现不少社会问题，如土地兼并，随之相关的争讼和规约就层出不穷，这一时期花溪清代相关碑刻，仅嘉庆道光两朝就有 12 块之多。但在清朝后期，咸丰时期花溪碑刻有 12 块，而在光绪时期也还有 10 块，这一数字并不低，并不如我们想象一般会迅速锐减。这一时段内，碑刻主要以规约碑为主，占了一半以上。而这些规约碑几乎全部关于村寨治理，涉及村民日常生活，如水井禁约碑、土地禁碑等。综合起来看，花溪清代规约碑到咸丰时期到达顶峰。说明碑刻这一事物逐渐普及，并流行到地方社会，成为他们治理地方社会的一种重要明示手段。在同治时期，贵州处于"咸同时期各族人民大起义"时期，社会极为动荡，人们没有更多时间立规约碑，但仍有 2 块。经过咸同时期贵州各族人民近 20 年大起义后，贵州地方社会极为萧条，从而进入 10 多年的恢复发展时期。到光绪中后期，贵州地方社会开始恢复，人们的活动又活跃起来。花溪出现了 4 块光绪时期的规约碑就是很好的证明。

二、碑刻的地域性

碑刻具有不可移动性，从出现之日起，就深深根植于当地。据《贵阳市花溪区志》记载，2000 年，花溪区辖有 3 镇 11 乡，即花溪镇、青岩镇、石板镇、花溪乡、党武乡、燕楼乡、麦坪乡、久安乡、湖潮乡、高坡乡、黔陶乡、小碧乡、孟关乡、马铃乡。[①]根据花溪清代 69 块碑刻在花溪各乡镇的分布情况，制成表 1-3。

---

① 贵阳市花溪区地方志办公室. 贵阳市花溪区志[M]. 贵阳：贵州人民出版社，2007：59.

表 1-3　贵阳市花溪区清代碑刻地域分布表

类别＼地域	规约碑	告示碑	公益事业活动碑	小计
花溪镇	2	0	0	2
青岩镇	2	2	4	8
石板镇	5	0	1	6
花溪乡	1	2	1	4
党武乡	13	4	2	19
燕楼乡	4	0	0	4
麦坪乡	0	0	0	0
久安乡	0	1	0	1
湖潮乡	2	1	2	5
高坡乡	3	2	1	6
黔陶乡	1	0	3	4
小碧乡	0	0	0	0
孟关乡	2	0	4	6
马铃乡	0	1	2	3
其他	0	1	0	1
小计	35	14	20	69

从表 1-3 我们可以看到，花溪清代碑刻分布最多的乡镇是党武乡，有 19 块之多，其中规约碑有 13 块；其次是青岩镇、石板镇、花溪乡、湖潮乡和孟关乡，有 4 到 8 块；其余乡镇有 1 到 4 块不等，或者没有分布。总体而言，则是花溪中部分布较多，周边零星分布。

花溪中部地势较为平坦，耕地面积广，多条河流贯穿而过，是比较适合人们繁衍生息的地方，一直以来就是人们开发的首选之地。孟关、湖潮、党武、青岩等地在明代就是屯军之地，开发较早，汉文化流行。进入清代，该地区裁卫并县，不少家族在此地购买土地，定居繁衍，逐渐发展成为大家族，并纷纷建祠立碑。据统计，党武乡有关祠堂碑记有 8 块之多。因为这一地区较为富庶，人们活动频繁，经常建修寺庙或者桥梁、水井，亦随之立碑。还因为这一地区汉文化影响深，出现不少文化名人，相关碑刻亦不少。如涉及周起渭的就有花溪青岩镇思潜村康熙五十七年（1718）《建修宫詹桥碑记》和嘉庆十四年（1809）《克笃前烈》以及花溪黔陶乡骑龙村乾隆四十三年（1778）《龙山小桥碑序》等。

花溪周边地区，山多地少，生活不富庶，人们活动相较不是很活跃，相关规约类和公益事业活动类碑刻相对较少。尽管前述两类碑刻较少，但花溪周边地区的官方告示碑则较多，内容多涉及赋税征收。因为这一地区耕地较少，生产相较落后，生产的粮食不富裕，加之地方官役苛征，使得该地区经常出现税收问题。而官府为了保证正常征收，纷纷刊出具有抚慰和强制的告示碑，以催促人们交税。如花溪马铃乡凯坝村道光二十年（1840）《告示》碑、花溪高坡乡高寨雍正九年（1731）《碑记》碑以及花溪高坡乡批林村《永定章呈》碑①等。

花溪西北地区有一片煤矿区，较早就有人类开发的痕迹。因为煤矿开采，引来土地纠纷，并纷纷控告到官府处，事后都立碑禁止。涉及的花溪清代碑刻有 2 块，即花溪久安乡丫坡寨道光二十六年（1846）《禁开煤窑碑》②和花溪石板镇花街村罗氏咸丰九年（1859）《为善最乐》碑。这两块碑刻都记叙了地方人士开采煤矿的活动，有一定特色性，也可作为研究地方煤矿开采历史的重要史料。

① 具体碑文内容见附录：告示碑第 13。
② 具体碑文内容见附录：告示碑第 10。

第二章　花溪清代碑刻与家族活动的展开

　　不少花溪清代碑刻反映了地方家族活动的展开，如建修祠堂、管理坟山、进行家族教育等方面。这些活动都和家族组织的建设与发展相关。在家族组织的建设与发展过程中，碑刻发挥着重要作用，是黏合剂也是推动器。可以说，家族组织的建设与发展要求是当地大量碑刻产生的重要因素。

第一节　记载家族历史

　　花溪大量清代祠堂碑刻记载了家族历史，包括家族的繁衍发展与壮大和祠堂的建造。记录始祖入黔定居的不易，以及宗族的繁衍与壮大，是祠堂碑记的首要内容，体现了宗族慎终追远的传统。建造宗祠是家族兴盛的结果，亦是家族自豪的资本，因而在碑记上大书特书。这些历史内容有一个共同特点，即是一个家族共同的记忆。宗族将这些历史进行整合，镌刻于碑，并立于祠堂，供全族人观瞻，让他们了解这些历史，并进而强化他们的宗族意识，达到联宗睦族之目的。

一、家族始祖与家族的繁衍壮大

　　家族始祖是家族繁衍壮大的基础。花溪清代祠堂碑有关家族始祖的记载不少。党武乡当阳村黄氏乾隆三十七年（1772）《祭祀碑记》中指出："先祖黄汝富游览黔疆，创业广邑，住居从仁。"而黄氏家族嘉庆二十三年（1818）《承先启后》碑则进一步描述入黔始祖的情况："我始祖黄汝富，原江西吉安府庐陵县大水塘槐花树黄家村生长人氏，贸易至黔，住属广顺州从仁里党武黄家寨，至今数百余岁。"燕楼乡谷蒙村章氏宣统三年（1911）《永垂千古》碑载："我支入黔始祖迁居谷蒙相传已十余世矣。"相较于黄氏和章氏两个家族对入黔始祖平面化的记述，党武乡翁岗村刘氏家族对入黔始祖的描述则突出了一种艰难和不易。刘氏宗族咸丰八年（1858）《垂裕后昆》碑[1]载："自始祖讳一宽迁黔，萍踪偶和，遂为淹流，入居广顺州属从仁里党武大寨。"刘氏宗族在碑记中进一步指出："世道日殊，人心不古，致令我始祖蹈非常之险，临不测之渊。悲哉！"我们在这里不讨论这些家族始祖入黔前处于什么样的状况，但基本可以确定，他们入黔并定居下来必然是经历了许多磨难，付出了很大的代价。

世事维艰，这些家族在花溪地区最终生存了下来，拥有自己的田产，不仅养活了自己，子孙也繁衍开来。党武乡当阳村黄氏家族嘉庆二十三年（1843）《承先启后》碑记载，黄氏"后裔之盛，实如瓜秧之绵"。根据碑文可知，到嘉庆二十三年（1843）之时，党武乡当阳村黄氏家族历经数百年的发展，已经繁衍壮大，人口众多，族人安居乐业，耕读持家，生活宽裕。党武乡翁岗村刘氏家族"一线之传，岂料子孙之多，若螽斯之蛰蛰，宗族之盛，类瓜瓞之绵绵"。这些家族历经艰难，逐渐定居下来。他们不仅开发了这一地区，子孙也代代相传，繁衍扩张。家族将这些过往镌刻在碑刻上，供后人追思，形成宗族意识。为了保持家族的繁荣兴盛，族人自觉承担起家族延续与发展的责任。当然，家族的繁衍与壮大是家族兴盛的表现，但亦为家族祠堂的修建提供了物质和人力基础。

二、建修祠堂

祠堂是一个家族祭祀先祖、敦宗睦族和处理宗族事务的重要场所，也是一个家族兴盛的产物和象征。祠堂是一个家族集体活动的产物，建修祠堂必是宗族的大事，值得书写和记录，是后人引以为傲的事情。

据笔者的调查访问，现花溪区党武、湖潮一带遗存有不少家族祠堂，大多破败不堪，但仍能从中窥探清代时期这一地区家族祠堂的盛况。建成于嘉庆二十三年（1818）的党武乡当阳村黄氏宗祠大堂三间，台阶三级，大堂左右为副室，中楹厅堂左右设议事堂，中厅堂前两侧设斋宿庖

---

① 具体碑文内容见附录：规约碑第 22。

厨之所，由大堂至前栋，廊檐俊伟，粉饰庄严。大门外两旁各置桂花树和石桌、石凳供人赏景休闲，祠堂中大堂中龛放始祖黄汝富神主，两边左昭右穆依次排列。大殿中梁上题字为"祖德宗功千古佑，地灵人杰万代兴"。右壁上题"江夏合族陆世壹堂一百八余户同心协力建造"。左梁上题"龙飞嘉庆二十二年岁次丁丑年秋九月朔五日吉旦立"。大殿中堂上挂有大匾题字为"续德报功"。建造如此规模的祠堂，必然得益于家族的兴盛。

当然，家族的繁衍与壮大，也在客观上要求建造祠堂。在讲究家族延续的封建时代，人们特别重视对先祖的纪念以及对后人的养育。当一个家族繁衍到一定规模，在地方耕读有序，定会追思先祖的功德伟业，认为家族现在的繁荣兴盛离不开先祖的勤劳智慧。于是族人合议建造祠堂，供奉先祖牌位，这也是孝道的具体表现。家族人口多，本是一个家族兴盛的表现，是地方大族的基本要素，但族人众多也会带来一定的离心力，导致家族的分化。家族里的有识之士，学习儒家礼仪文化，积极倡议建造祠堂，利用祭祖来凝聚族人，并在祠堂之上宣扬儒家人伦道德，要求族人尊老爱幼。在祭拜之后，合族饮食，谈笑风生，最终达到联宗睦族的目的。

家族祠堂碑对祠堂的建修过程有较多记录。党武乡当阳村黄氏宗族嘉庆二十三年（1818）《承先启后》碑指出，在家族繁盛的基础上，"和族商议，各出银两，在于本寨买明地基一幅，修建祠堂一座，本年上殿已成，左右厢房亦起，菊月望初请祖升安正位"。在祠堂即将完工之际，黄氏子孙"恳求州主天籁玉印，刊刻扁首，蒙恩准赐诰授奉直大夫……不意王主恩上加恩，复亲题扁对文字，永垂万世。不惟合族沾恩甚深，即先人亦被德无疆。虽敢效武周之制作，而后人实有所凭依矣！"黄氏祠堂的建造，获得了广顺州主的支持，他们感觉是受到了很大的恩宠，是家族的荣耀，因而着重记录于碑刻之上，"勒石记载，万古流传"，让后代子孙知晓。党武乡掌克村张氏祠堂在嘉庆八年落成之际，邀请了当时的广顺知州张澍撰写祠堂碑记，这不仅说明张氏祠堂的建造得到官府的支持，也说明了张氏家族在地方的声望是极高的。知州为家族祠堂撰写碑记，这本身就是家族的极高荣耀。

花溪清代家族祠堂的修建，不管其是否有官方力量的参与，祠堂的建成，本身也就是家族的一大盛事。在家族祠堂竣工之日，将记录有祠堂建修过程的祠堂碑记树立在祠堂之中，供族人观瞻。当几代人过去后，物是人非，而见证家族辉煌历史的碑记还在。家族后人通过碑记了解当时祠堂的建修过程，形成集体记忆，并深深印在心田。

三、整合家族历史资源以聚族

无论是入黔始祖的发迹历程，还是家族祠堂的修建，都是花溪清代家族的历史资源。这些家族将这些历史镌刻成碑记，供族人观瞻，实际上就是整合家族历史资源的一种手段。这些历史通过碑刻呈现在族人面前，经过长时间的沉淀，已经转化为宗族集体记忆，并在观念上形成了宗族意识，进而达到联宗之目的。

花溪清代家族入黔始祖，是这些族人血缘关系的起点，共同始祖的意识促进了族人关系，一切伦理辈分都有了明确的依据。而充满磨难的家族发展壮大的历史，更是让族人深感现世的来之不易，基于继承家族功业传之后世的传统，族人抛弃各种私人利益，致力于维护家族的团结稳定。祠堂的建造是与家族的兴盛相对应的，但其本身还是一个家族集体活动的结果，某种程度上来说，也是家族和睦、团结一致的成果。家族后人想起祠堂建造的历史，认可家族辉煌的成就，意识到只有家族的和睦共处，携手并进，才能创造家族的兴盛历史，才能流芳百世。

第二节　标识家族族产

家族族产是一个家族发展的必要物质基础，包括祠堂田和坟山。祠堂田是祠堂的附庸，是为了保障祠堂的正常运转而设立，出租祠堂田而收取的租谷，主要用来开展祭祀活动。家族坟山是家族集体财富，主要是用来埋葬家族先辈，是进行宗族祭拜活动的重要场所。对于这些家族族产，花溪清代家族立有不少碑刻进行标识，在田产冲突比较严重时，官府会介入，并刊碑警示。

一、管理祠堂田

宗族建修祠堂，开展祭祀活动，需要花费大量经费。为了保证经费的正常来源，宗族设置了祠堂田，并制定了一套管理办法。一般情况下，宗族将购买的祠堂田镌刻在石碑上，内容包括购买祠堂田的名称和大小、收租数以及规定由谁耕种。党武乡当阳村黄氏家族在嘉庆二十三年（1818）建成祠堂之时，立碑记载："买越姓田三分，向姓田一分，土一分，共去银二百零五两七钱。每年头人耕种，任谷十四石，十月初二上清，收入祠堂，以为香灯之用。不得短少颗粒，如有短少，罚银五两。"类似这样的内容还有很多。这些镌刻在石碑上的内容，对家族公开，一方面是为了让族人明晰自己的族产，心里有个数，另一方面是在透明化的基础上，利用家族的力量来集体管理族产，以免出现损公肥私的情况。在特殊情况下，因为开载祠堂田的契据丢失，也会将祠堂田刊刻于石碑之上，供族内外人知悉，以免被侵占。咸丰年间，贵州处于"咸同贵州各民族人民大起义"时期，社会比较动荡，党武乡当阳村黄氏家族的祠堂"契约一并失遗，所存者不过一二"。黄氏家族为了避免祠堂"祭业为人所侵占"，在咸丰十一年"勒石铭碑以为后记，俾后人知祭业之所在。复知契据之已失，照此碑而管业"，同时将相关祠堂田刊刻在碑。很明显，这里刊载有祠堂田的碑刻已经成为黄氏家族管理祭业的依据，作用上形同纸质的契据，表明地产的归属。

宗族立碑刊刻祠堂田的相关信息，是为避免出现盗买盗卖的情况，引起经济纠纷，造成家族的损失。尽管如此，仍然有些族人不顾祖训，强行盗卖族产。这时官府会介入家族经济纠纷事务，并下令禁止。党武乡茅草村李氏在清代为地方大族，祖上留有祭田，但到道光二十七年（1847），有李氏族人李毓碧、李九受等人盗卖祖业，被同族人李毓琴、李宗亮等人控告到广顺州衙门。广顺知州查明事实，出于维护地方大族和睦之目的，颁布告示，晓谕"该地居民及李姓族内人知悉。嗣后，尔等毋得私行盗卖盗买李姓祖业。倘敢不遵，一经被人告发，定将尔等照例究治绝不姑宽。并谕李姓子孙，大井坡地业已出示禁卖禁买，尔祖上留有祭田，每年收租拜扫应听公正族长管理，以绵祭祀。嗣后如有不肖子孙强横霸占等情，该族长立即送究重处。此本府为尔等敦宗睦族之意，各宜禀遵毋违，特示"。李氏族人将告示镌刻于石碑之上，并立于事发地。当然，这种告示碑是具有"法律"效力的，约束性更强。李氏族人为了使得更多人知悉这条告示，他们还镌刻了一通内容大致相当的告示碑立于坟山，大概是在拜扫祖坟之时供全族人学习，重申禁令，避免再次出现类似情况。有些家族可能是因为见到许多家族出现族人私下典卖族田的情况，因而在设置祠堂田之时就上报官府，请求下令禁止族人盗卖族产。花溪区贵筑社区竹林村周氏家族在同治十二年（1873）将筹资置买的祠堂田原契抄录在案，并请求官府批示禁止族人盗卖祠堂田。官府应允了周氏宗族的请求，发布告示，让周氏族人知悉周氏祠堂田合法购买，为集体所有，并规定"自示之后，尔等毋得将祠内田业私行当卖抵押，倘有此情，连买主一并究治。各宜禀遵毋违，特示"。周氏家族将这则告示以及祠堂田数目一起镌刻于石碑，竖立于祠堂，供全族人知悉。可见，宗族为了管理这些祠堂田，通常是将祠堂田产镌刻于石碑，有时甚至联合官府力量来立碑，以此作为凭依，保护家族祠堂被侵占。

宗族不仅将家族祠堂田数目镌刻于碑，作为标识，而且还将祠堂田的收租数目以及管理办法刊载于碑，以便族人监督管理。党武乡当阳村黄氏宗族嘉庆二十三年（1818）《承先启后》碑载："买越姓田三分，向姓田一分，土一分，共去银二百零五两七钱。每年头人耕种，任谷十四石，十月初二上清，收入祠堂，以为香灯之用。不得短少颗粒，如有短少，罚银五两。买谷蒙寨刘姓长冲之田一分，去银七十两，每年任谷八十五斗，为拜扫坟茔之用，亦不得短少颗粒，如有短少，罚银五两。"这里就规定了某块祠堂田收租数目以及用途，对于"短少"租谷的情况也制定有相应的处罚。相较于黄氏家族，花溪区贵筑社区竹林村周氏家族祠堂田则分得更为细致，在光绪三十一年（1905）《周氏祠堂条规碑》①中则将"祠堂田分祭田、义田、谱田。祭田收谷作祭祀用，每祭以十五石为准，余谷留作祠堂岁修之费。义田收谷，每年清明日计口分授，执票赴义仓领取。谱田收谷有为修谱之用"。祠堂田一般是族人轮流耕种，因为"如族人耕种，以子孙种祖宗之田宜比外人尽心，以求祖宗默佑，上花要干净，数目要清楚，方不为外人笑话。如忍心欺祖宗，不干净而短数者，永远不准种祖宗之田"。

收取的租谷是宗族的重要收入来源，但并不是唯一来源。家族的其他来源还有放贷款，党武乡当阳村黄氏家族在嘉庆二十三年规定"合族公议，存银四十两，屡年放利以作祠堂香灯之费"，石板镇花街村罗氏家族道光二十八年（1848）《训后议》碑规定"祭祀息银限定每年三月二十日收放，毋得任情逾日，违者罚"。

二、管理宗族坟山

宗族坟山是埋葬宗族先辈的地方，是承载宗族血脉情感的圣地，是宗族的集体财富。封建时期，人们非常重视丧葬，埋葬地一般选择在风水宝地。对于这样一块宝地，宗族百般维护，制定相关条规保护宗族坟山，以免遭破坏。党武乡当阳村黄氏家族嘉庆二十三年（1818）《承先启后》碑指出："拜华山坟山一座，树木，合族人等不得私行砍伐，如有砍伐者，罚银五两。"花溪区高坡乡罗氏苗族历来实行洞葬，洞葬地周边地区森林植被很好，但到嘉庆年间，随着该地交通条件的改善，当地一些族人不顾洞葬禁忌，砍伐洞葬地周边树木谋利。当地罗氏苗族受儒家风水文化影响，认为此种行为不利于宗族长远发展，于是在嘉庆十六年（1811）集

① 具体碑文内容见附录：规约碑第29。

合当地平寨和杉木寨罗姓六十七房共同竖立《龙村锁钥》碑，规定"从今已后，不许谁人再伐再卖。如有不遵者，众问皂祭"，从此封山。

上述黄氏和罗氏为了维护家族坟山风水，立碑禁止破坏，这是在自己宗族能够控制的范围内执行的。当有外人为了生存而破坏家族坟山风水，引起较为严重的经济冲突时，官方就会介入协调处理。石板镇花街村罗氏家族咸丰九年（1859）《为善最乐》碑详细刊载了其家族坟山多次遭到破坏，官府多次协调处理的结果。其碑文录入如下：

盖闻居家戒颂忍事，即知事之师非种必锄，前车乃后车之鉴，古之人所思患预防有备无患也！我祖罗心田于万历七年契买杨芳、杨茂之杨家山、小合朋山，两山并峙周圆数里，历葬各祖。自明及清由来久矣！因乾隆六年有不法之戴敬完等于祖坟后挖煤，有伤地脉。祖等控经前府主委经所许主勘踏封禁立碑在案。至立十一年，戴宗儒复行开挖。祖等控经前府韩主，仰广顺州张主、贵筑县高主会勘，将戴宗儒斥革封禁，立碑在案。至四十二年戴文明、朱必富等复行伯挖，祖等控经前府陈主，仰贵筑县毛主复勘，责惩文明等封禁，立碑在案。延至嘉庆十年有不宗之罗王品、戴老大等复挖。祖等控经前府程主，仰广顺州托主勘踏，责惩王品等封禁，立碑在案。得列府之廉明，歌功颂德。幸群小之藏退匿迹销声，相沿日久，粮莠无闻。讵意咸丰七年三月内有来福寺张椿复行伯挖，嗣孙等以毁碑伯挖等情控经贵阳府刘主，蒙批勘提讯夺，后又控经籓宪觉罗海蒙批，仰贵阳府录案详报核夺后，于十月二十四日委员徐主中金涵勘踏，十一月十八日委候补府陈主仰星宿并贵阳府刘主富堂审讯，断令老沟为界，老沟内煤硐不准开挖，不准朱姓砍伐柴草、纵放牛马践踏，遵结在案，甘心悦服。孙等食其旧德服其先畴既绵世泽于既往不得不防萌□于将来。爰立碑二块，一块立于小合朋山左菜冲水沟之上，一块立于金盆穴祖坟之旁。第恐风雨石砌为山，特立禁碑立宗祠之上，以志不朽。

该碑记载了罗氏家族坟山自乾隆六年（1741）以来五次遭人挖煤而破坏风水以及官府处理的过程。罗氏坟山有煤，是周边地区居民生活的重要物质。村民尽管知悉该地为罗氏坟山，但为了生存，他们铤而走险，不顾碑记内容，多次强行挖煤，从而破坏了罗氏坟山的风水。罗氏宗族风水信仰与周边村民的生存构成了一个矛盾，相持不下。咸丰七年（1857），再次有人开挖煤炭，引起罗氏一族不满。握有话语主动权的罗氏将这一情况上告贵阳府，请求裁决。这一案件引起贵州布政使的注意，专门批示。经过多个部门日夜审理，现场勘察，最终断定以"老沟为界，老沟内煤硐不准开挖，不准朱姓砍伐柴草，纵放牛马践踏"。罗氏家族将这一案件的处理结果转刻在石碑之上，使得碑刻内容具有一定的权威性，以便更好地保护罗氏家族坟山。

宗族立碑管理家族坟山，不仅针对坟山风水遭到破坏，也针对族人乱葬而破坏伦理秩序。石板镇合朋村李氏家族有老忙林坟地一处，历葬李氏先辈，咸丰年间，有李氏子孙"暗里偷葬，以失伦序，或私行倒卖，以致混杂"。李氏家族于咸丰二年（1852）立《禁碑》记载其事，并规定禁止再次出现类似情况。

三、保障宗族发展的物质基础

祠堂田和宗族坟山都是宗族的集体财富，是保障宗族发展的重要物质基础。宗族先辈在创建祠堂的同时，也集资购买祠堂田，将祠堂田的租谷用来维持宗族集体祭祀活动。没有祠堂田，宗族组织就没有固定收入来源，祠堂维护和祭祀活动也就无从说起。祠堂田对于宗族组织发展的重要性不言而喻。坟山用来埋葬宗族先辈，是宗族开展祭祀拜扫活动以及联宗的重要场所。在封建时代，人们认为墓穴风水关乎后人富贵，因此宗族对于坟山的维护是既勤且谨，有时甚至不惜对簿公堂。

个人对于自己的私人财产，通常有很高关注，甚至可能会锱铢必较。相对于个人财产，宗族集体财产更容易为族人所忽视，有时甚至充耳不闻。在这种情况下，宗族集体财产常常为外人所侵占，甚至一些族人也会从中牟利，侵吞宗族田产。在这种情况下，宗族除了保存这些宗族田产的契据，也会将田产的相关信息镌刻于碑，特别是关于祠堂田的租谷数目镌刻于碑，进行标识，使族人知悉，达成某种共识，便利宗族集体管理，从而维护这些宗族集体田产。

第三节　刊载家族礼仪制度

　　为了规范宗族祭祀活动，宗族常常将一些基本的宗族祭祀礼仪镌刻于石碑之上，供族人学习和遵守。宗族还将封建道德教育内容融入家族碑刻之中，积极发挥碑刻的教化作用，以规诫和引导宗族子子孙孙。花溪清代碑刻刊载了宗族礼仪制度，其对宗族成员产生了潜移默化的作用，从而构建了宗族礼仪制度文化，规范并引导着族人的日常生活。

一、祭祀礼仪

　　宗族开展祭祀活动，是一个宗族的经常性事务，在联宗方面发挥很重要作用。具体祭祀时间，花溪各个宗族稍有不同，有一年三祭或者两祭。如燕楼乡谷蒙村尹氏道光二十二年（1842）《百世不易》碑记载："所有遗留之资，备为清明拜扫之需，而春秋祭祀之用犹然不足。……入二八月祭祀之列。"意指该宗族每年有三次祭祀活动，分别是清明上山扫墓、春祭和秋祭。春祭和秋祭即是二八月之祭祀。大部分宗族一年开展两次祭祀活动。如石板镇镇山村罗氏道光二十八年（1848）《训后议》碑载："每年春祭于墓，秋祭于祠。"此处的"春"应该是指清明之时；党武乡翁岗村刘氏咸丰八年（1858）《孝思维则》碑记"春秋一祭"，应是指每年春季和秋季各开展一次祭祀，具体时间应该是清明和八月之时。

宗族祭祀活动一般由族长组织安排，有时为了保证祭祀活动顺利开展，宗族将组建办事人员，规定人选标准，明确责任。石板镇镇山村罗氏家族道光二十八年（1848）《训后议》碑载："每年祭时议轮派十人料理，有借故不前者，惩责外，罚清油十斤。"花溪区贵筑社区竹林村周氏家族在光绪三十一年（1905）《周氏祠堂条规碑》中对祭祀管理人员做出了明确说明，规定："经管祠事择本支贤能年长者。总理给谷三石。次择总管二人，各给谷三石。次择正辨一人，给谷六石；副辨一人，给谷三石。次择学习一人，给谷二石。学习厅正副指使正副厅总管指使收发谷石，眼同查看，周年会同将一年用账算明。如有不清，凭族议处，每年举一人轮流……值年管事两祠，遇祭及收花发谷，必亲执事。如一不到，以应得薪水摊罚。每祭祀后，管事须周视两祠房屋有无湿漏，随时向总理说明。"可见，宗族为了保证祭祀活动的顺利开展，做出了相应的规定，镌刻于碑，并严格执行。

祠堂是宗族祭祀活动的重要场所。宗族为了保证祠堂的严肃性，也做出相关规定。石板镇镇山村罗氏家族道光二十八年（1848）《训后议》碑记载规定"祠中贵洁净。毋许杂色人等投宿寓食。妄邀射利者，公议处罚；守祭器。凡祠中所具什物，毋准借用。倘有狥情私借者，查出罚"。花溪区贵筑社区竹林村周氏家族则对祠堂祭祀程序做出规定，规范祠堂祭祀活动。如要求："祭祀祭品凭单照办。子孙入祠与祭，随主祭者排班，肃静行礼。礼毕，家人欢会，不准说长短、论是非、嬉笑怒骂。如有犯者，初罚跪，再罚责，三罚谷。凭族公同议处，不准同情……子孙入祠与祭，必须行礼，如不行礼者，即是欺祖灭宗，罚扣本身义谷。行礼既毕，先是主祭及管事主祭命管事看坐待茶，以昭敦睦，不得傲慢。"

二、宗族道德教育

宗族道德教育在宗族组织的所有活动之中都有体现，如编纂家谱、祭祀祖先等活动。宗族对族人的道德教化在碑刻之中也有较多体现。宗族如对族人的道德教育有具体说明，一般也会有相应的惩处要求。石板镇花街村罗氏道光二十八年（1848）《训后议》碑规定要"训育子弟。将公银延师课读，毋争论，亦无间断。有异议者，以抗公论处罚；族中有不孝不弟，到祠训饬不悛者，绝之，逐出境；要畏法。有不安本分奸邪者，送官究治，不准入祠"。

如罗氏《训后议》碑提出具体道德要求的家族碑还是比较少，大部分都是在家族碑记的字里行间透露着宗族道德教化。这种道德教化内容主要有报本追远、敦宗睦族、长幼有别、讲究孝悌、知礼仪、维持宗族兴盛等。党武乡翁岗村新寨刘氏咸丰八年（1858）《垂裕后昆》碑开头记载"万物本乎天，人本乎祖，虽天子必有父，诸侯必有兄，水源木本，敢或忘软溯流"，是要求族人记住先人的功德。张澍初任广顺知州，就为党武乡掌克村张氏家族祠堂撰写碑记，称赞张氏家族的张彦致仕回乡"契地营祠"，是用"以妥先灵，用以联宗"，并进一步指出，有了这个祠堂，张氏家族今后可"值仲秋祭日，合大宗小宗咸集祠宇，拜奠既毕，以次揖坐顾瞻几筵，感怀风水其翔实"，无不可见对祖先怀念、宗族和睦的教化。花溪镇吉林村周氏光绪三十一年（1905）《周氏祠堂条规序》中记述周氏一族"自咸丰年兵□之后至今五十余载，颓垣断井不能复元。可怜耕读穷苦熬不出头，无科甲受人欺，欠人账受人气。处此光景，还要傲惰，还盛为人□，不孝顺亲长，永无翻身之日矣！幸亏祠堂上有点规矩、有点义田。趁此香烟，大家敬宗睦族，尚有发达时候。若要充狠负气，以规矩为不然，冒犯尊长，大祸在后。眼前狠得过，以后亡其身，以及其亲。古人不我欺也！然而孝敬之人，必须守礼义"。其对家族礼仪道德教育更是可见一斑。

三、宗族礼仪制度文化建设

祭祀礼仪和宗族道德伦理是宗族礼仪制度文化的重要组成部分。明清时期，封建统治阶级和宗族组织重视利用礼法制度来规范人们的行为、维持社会秩序的正常运转。花溪清代宗族受此影响，积极构建自己宗族的礼仪制度文化，以此来规范族人行为，保持宗族社会的正常运转，从而推动宗族的延续发展。宗族构建礼仪制度文化的途径有很多，比如聘请先生教读儒家礼仪、撰写族规家训等，其中通过石碑来学习礼仪制度也是宗族构建礼仪制度文化的重要途径之一。家族碑刻与家族谱牒一样，是宗族集体活动的产物。宗族碑刻内容集中体现了宗族集体意识，其中的礼仪制度和道德伦理更是为宗族集体所认可和遵行。镌刻有这些内容的石碑立于宗族祠堂或者族人集会的场所，成为族人学习礼仪文化的重要文本。随着时间的推移，镌刻于石碑上的内容逐步内化为族人的道德品质，规范和指导着他们的言行。宗族一方面利用石碑传播了礼仪制度文化，教化族人，另一方面，镌刻这些内容的石碑本身成为记载宗族礼仪制度文化的重要文本，是宗族子孙学习的重要参照。可见，石碑在宗族礼仪制度文化构建中发挥了独特的作用。

小　结

综合考察分析，我们发现在花溪清代宗族组织建设与发展过程中，碑刻的身影无处不在。考虑到碑刻的产生，我们认为碑刻是实现宗族组织建设与发展的重要手段，甚至在某些方面，其作用是无可替代的。

宗族组织的建设与发展是一个系统过程。宗族通过碑刻记载宗族历史，实现宗族历史资源的整合，从而达到收族的目的；通过碑刻标识宗族田产，保障了宗族组织活动的物质基础，使得宗族组织得以可持续运转；通过刊载宗族礼仪制度文化，规范族人行为，实现宗族社会秩序的平稳发展。这是宗族组织建设与发展过程中三个非常重要的方面。不过碑刻本身并不能在这几个方面发挥作用，必须要通过宗族组织的推动渲染。碑刻在这几个方面所产生的作用，不仅在立碑当时显现，在后来的发展中也不断作用于族人，不过这种作用随着时间的推移，碑刻风化，会逐渐淡化。特别是关于标识宗族田产的石碑，在若干年后，往往会失去一定的警示作用。党武乡旧场寨彭氏嘉庆二十五年（1820）《兴隆场碑》记载，彭氏先祖在康熙年间置办了田产寺庙，但到乾隆年间，"族内不肖者出，将房基寺地尽行盗卖"，族内有识之士控告到官府，胜诉以后，族人将此案缘由以及官府判决结果镌刻于碑，"俾后人有所遵循"。但到嘉庆二十五年（1820），由于"年湮世远，碑刻剥落，文字凋残，□□□恐后失据，豪强幸进，浸蚀复起"。于是彭氏族人又"捐微资，延工凿石，敬述前言"以垂永久。可见家族需要不断更新碑刻以标识宗族田产，积极保障宗族物质基础。

上述碑刻在宗族组织建设与发展过程中三个方面的作用，可以在同一块碑刻中体现，也有可能在两至三块碑中才完全体现出来。换言之，一块石碑可以产生三个方面的作用，也可能只具有两个或者一个方面的作用。石板镇花街村罗氏道光二十八年（1848）《训后议》碑记载的内容以礼仪条规为主，只起到规范族人的作用。花溪镇吉林村村周氏光绪三十一年（1905）《周氏祠堂条规碑》则发挥了三个方面的作用，其不仅记载了周氏"在黔省为巨族"的历史，也对祠堂田的收租数做了明确的规定说明，标识了宗族田产，更是罗列祠堂条规数条，构建了周氏宗族礼仪制度文化。但大部分只具备两个方面的作用，多记载宗族历史和宗族田产。

第三章

花溪清代碑刻所见地方公共事业建设

公共事业是指面向社会，以满足社会公共需要为基本目标，不以营利为主要目的的社会活动。其关系到社会全体公众整体的生活质量和共同利益。清代，花溪境内地方公共事业非常活跃，如修建桥梁道路、宗教寺庙，以及对水井、山林的管理和保护。这些活动，多属于民间行为，并没有多少官方文书的记载。因而，与这些活动相关，刻有纪念功德或者管理条例的花溪清代碑刻就成为研究地方社会公共事业的重要史料。对这些碑刻资料的分析，可以加深我们对清代花溪地方社会公共事业的认识。

第一节　公共设施建设

公共设施为居民日常生活提供了便利，是基层公共事务建设管理的主要内容。相较于现代，古代基层公共设施建设的主体是地方人士，官府力量介入较少。花溪清代基层公共设施的建设较多，如建桥修路、开凿水井、修建寺庙等。这些建筑不少附有碑刻，成为这些建筑的重要组成部分。

一、建桥修路

贵州地处云贵高原东部，是一个山多河网密布的省份。长期生活在这里的人们，积极发挥聪明才智，因地制宜，建造了形形色色的桥梁。花溪也是这个桥的国度里重要的组织部分。花溪地处贵州高原中部，苗岭山脉中段，地势起伏较大，东西两侧山地、丘陵地势较高。由于碳酸盐类岩层广泛分布，故 94%面积呈现山、丘、坝、盆、谷，形态多样的岩溶喀斯特地貌。坝子由丘陵盆地及河流阶地组成，面积不大的小坝子较多，槽谷坝子延伸10数千米。加之花溪境内河流众多，计有大小河流55条，总长390千米，其中长10千米或流域面积20平方千米以上的河流17条，平均河网密度256米/平方千米[①]。崎岖不平的山地，环绕其中的河流，给生活在当地的人们带来了极大的不便。世代居住在这里的人们因地制宜，采用当地盛产的石材，架起了一座座厚实耐用的石拱桥。花溪青岩城北隅，在不足百步的狭小范围内竟建有三座石拱桥，民谚谓之曰："一出北门三官阁，水碾出在北门河。北门河上百步地，不足半里三洞桥。"[②]这句民谚虽没有直接说明花溪境内石桥的具体数量，却也反映出花溪境内石桥众多。据《花溪区志》记载，至2007年，花溪境内现存有明清古石桥31座，实际上远不止这么多。

囿于花溪地理面貌，修建石桥是改善当地人出行的一大公共事务，甚至形成了传统。当地人为了改善当地交通面貌，修建了实用的石桥，然而也立下了不是很"实用"的石碑。据笔者统计，花溪境内现存有十通石碑与修桥相关。这些石碑当然没有直接发挥改善交通的作用，多是记述建桥由来以及刊载捐资芳名，但却在形成地方修桥传统方面起到了很大的作用。根据上述十通碑刻记载内容来看，从建桥资金来源方面分类，花溪清代石桥修建分为个人集资修建和众人集资修建两大类。个人集资修建的石桥有花溪水库上游三岔河段康熙三十九年（1700）应子桥。该处是往来省城贵阳和安顺府的重要通道，"往来者颇众，而皆垒石为埠，遂溺多人"，于是有人言请当地善人傅应贵出资修建。傅公"欣然愿为"，出资"百三十金，米、豆若干石，毫不吝焉"。施工月余，建成左桥十三孔、右桥九孔，"自东南而西南，自西南而东南者，咸安步驰骋于康庄，而岁免多人之溺矣"。在桥落成之际，傅公请当地名士刘子章撰写、周起渭书丹《应子桥碑记》，以宣扬傅家美德。花溪区青岩镇思潜村宫詹桥亦是个人集资修建的石桥，系清初著名学者、诗人周起渭于弥留之际嘱咐家人修建。该桥初建成于康熙五十七年（1718），立有贵州武状元曹维城

① 贵阳市花溪区地方志办公室. 贵阳市花溪区志[M]. 贵阳：贵州人民出版社，2007：109.
② 吴正光、娄清、杨信主. 贵州的桥[M]. 贵阳：贵州科技出版社，2004：7.

撰写的《建修宫詹桥碑记》。嘉庆十四年（1809），该桥被"不明大义者，拆毁仗余栏石，并坏碑记为数段"。周家后人出资修复，并请地方名士何学林撰写《克笃前烈》碑。类似个人出资修建的石桥还有孟关乡石龙村续嗣桥，桥头立有《续嗣桥》碑记 1 通。另一类众人集资修建的桥梁比较普遍，多建在村头寨尾。如马铃乡马铃村水车坝寨建成于乾隆四十一年（1776）的石拱桥，桥头立有《永垂不朽》碑①1 通。该碑风化比较严重，内容分为两部分，前述修桥由来，后列功德芳名。湖潮乡车田村立寨于乾隆三十七年（1772），"立寨后，路可崎岖，旁观者水势之勇也。朝思暮而寝寐难济，来往之人是可忧也"。寨子有识之士听闻古人为善行乐的倡举，因而"共合议诒，各出功资五十"，终于在乾隆四十六年（1781）建成九洞石桥，"修正崎岖之路，则老安少怀以"。该桥建成后，立《永流万古碑》撰述建桥经过，并"将功德人名开列于后"，以垂千古。黔陶乡黔陶村原有旧石桥，不知修建于何时，到嘉庆初年已经出现坍塌，"倘不及时补砌，势以倾奔不惟，将来临河者望洋浩叹，亦且没前人好善之初心。是功之兴于前者无以继之于后也"。寨人念及此，于是合寨集资，重葺该桥，使之焕然一新，名之该桥为"再新桥"，立《再新桥》碑记述其重修经过。类似集资修建的石桥还有孟关乡付官村康熙年间三星桥、黔陶乡骑龙村乾隆四十三年龙山小桥等。

花溪高坡乡地势不平坦，起伏较大，陆路迂回不便。清代居住于此的苗民也常常借助集体力量重整道路。高坡乡杉坪村杉坪寨有道路通向外地，但道路蜿蜒，"来往跋涉，甚是不便"。在本寨罗公、阿文、阿贡，承首的前提下，"公食全寨"，终于在嘉庆十七年（1812）初建成康庄大道，大大方便了当地人出行。新路修通之后，立《修路碑记》。

二、修建庙宇道观

花溪境内是多教并存。道教在元代传入，佛教在明代兴起，至清代中

---

① 具体碑文内容见附录：公益事业活动碑第 5。

叶盛行。鸦片战争以后，基督教新教和天主教也逐步传入贵阳，并在青岩建立传教机构。四教在长期并存中互不干预，共同发展，形成了特殊的多元宗教文化。花溪百姓除四教信仰外，还有民间传统信仰的药神、火神、水神、井神、树神、土地神、黑神、张仙老祖等。

花溪境内的多元宗教文化，造就了花溪境内数量众多的宗族信仰场所。至清光绪年间，花溪青岩有规模可数的道观，城内有十，城外有五。至道光年间，花溪境内也是寺院林立。据《贵阳市花溪区志》统计，明清时期，花溪境内有道观 27 处、寺庙 34 处①。可惜的是，我们在调查访问过程中发现，花溪许多庙宇道观因为自然或者人为等原因，多损毁无存，相关碑刻也破坏殆尽，今多不存。笔者统计，花溪现存有关庙宇道观建修的碑刻只有 4 通，分别是青岩镇大坝村咸丰二年（1852）《山王庙碑》、孟关乡付官村咸丰八年（1858）《承先启后》碑、党武乡翁岗村光绪二十七年（1901）《重修活佛寺诗碑》②和孟关乡石龙村光绪二十九年（1903）《永垂不朽》碑。

《山王庙碑》记述了当地村民修建土地庙宇的原因，当地"年来年去，不遭水旱昆虫之灾；时变时迁，未有凶荒妖□之疾，是皆神灵所默佑、地气所磅礴也"。为了感谢山神，也为了祈祷大坝村能够继续风调雨顺，保障当地农业丰收，村民在咸丰二年（1852）一起集资修建了此山王庙。建成后的山王庙宽为 230 厘米，高为 260 厘米。碑刻刊载捐资人 45 位、石匠 2 位。2000 年，当地村民又集资修缮山王土地庙，立有功德流芳碑，镌刻有捐资芳名 226 个。这说明当地人非常信仰山王，并且形成了修建山王庙的传统。

寺庙道观一般有庙田，收租可以做香灯之费。但在若干年后，寺庙道观坍塌老化，需要维修。维修寺庙道观是个大工程，一般由地方乡绅牵头，组织村民集体修建。孟关乡付官村梨花寨有回龙寺，至道光末年已经老朽。当地村民"众口纷纷，嘱镗修庙"。该人努力多年，安排金工石

---

① 贵阳市花溪区地方志办公室. 贵阳市花溪区志[M]. 贵阳：贵州人民出版社，2007：176-177.

② 具体碑文内容见附录：公益事业活动碑第 18。

工木工修复回龙寺，终于在咸丰八年（1858）"终圆善果"，使得回龙寺焕然一新。孟关乡石龙村原有一座玉皇阁，"嗣因同治初年经兵燹毁于火，数十年来屡欲修复而有志未逮"。地方乡绅陈廷彦积极承头，欲组织村民集体捐资修复，得到村民的支持，"乡中人有山者出木，有人者出力"，历经四年而完工。

第二节　维护公共自然资源

自然资源是人们生存和发展的重要物质条件。经过清代前期的发展，到清中后期，贵州人口得到发展，并给当地自然资源带来了极大的压力。清代花溪也经历着同样的困境。清代花溪地方村民在地方乡绅的组织下，积极开发地方公共自然资源，并制定相关规定维护这些公共自然资源，使之能够得到合理利用又不至于遭到大范围的破坏。

一、管理水井

受地形地貌影响，花溪清代地区居民生活用水主要依靠井泉。根据《贵阳市志花溪区志》统计，花溪境内有 130 个泉井，合计流量为 6 051 立方米/秒，折合地下水量均为 1.908 亿立方米。清代时期花溪开凿了不少水井，以满足人们生产生活的需要。党武乡旧场道光六年（1826）《皂角井碑》记载，当地"原有井一口，多为二石所阻，而井泉所流甚微"，后村民"同心协力，各捐微资，开广凿深，俾井泉混混水出，计而日用所需，庶九甚便。"燕楼乡谷蒙村咸丰四年（1854）《一六生成》碑记载当地因为人口增多，井水不够，于是村民"量力捐资，□命石工，造成水库"，从而解决村民用水问题。

在长期历史实践中，该地区村民针对水井使用和管理形成了一套独特体系，有一系列规约条例。水井一般设立在村寨内或者周边地区，是村民生活用水重要来源。因此，保护水井清洁卫生是第一要务。为了保护水井干净，村民多立碑禁止。党武乡旧场道光六年（1826）《皂角井碑》规定"不容以污秽拎井""不准牛马践踏饮水"；孟关乡付官村梨花寨道光八年（1828）立《永禁碑记》规定不准将"盆桶"放入水井中洗涤，不准放鸭牛入井游荡，违者罚银；燕楼乡谷蒙村咸丰四年（1854）《一六生成》碑记"井内部准洗衣洗菜"，甚至对挑水妇女有年龄限制，规定"未出卧房妇人不准进此跳水"。有些地方"井泉所流甚微"，用水人多，供不应求，往往导致"汲水者多闹事"，于是对挑水有一定规定，如党武乡旧场道光六年（1826）立《皂角井碑》规定"挑水人宜顺理""不容以豪强伯估""不容以一桶而伦三挑"。

花溪境内村寨村民在长期用水实践中，将逐个水井开发成上下三级，水流逐级自上往下流淌，分级分别利用，有利于合理用水、节约用水。如孟关乡改貌村咸丰三年（1853）《水井使用规约碑》规定将水井"分为三所，出源者只挑饮，次井作洗菜之用，至三井始洗衣物"。村民将水井分作三级，每级有不同的用途，体现了村民节约水源，充分利用的意识。这种三级水井在这一地区非常普遍，如花溪镇竹林村革家寨水井、马场镇平寨村平寨水井皆为三级水井。水井使用管理规约碑一般立于水井边，时刻提醒村民打水时需要注意的条约。为了保障条约发挥效力，一般都有相应处罚，主要是罚银，一般罚银二钱、五钱或者五百文。不管是村民立碑禁止污染水井，还是将水井开发成三级，分别利用，最终都是为了使水井设施免遭到破坏。以上维护水井的措施和行为，都得到了村民的支持和认可，并形成了合理的用水观念，深深影响着当地村民的日常行为。

二、保护山林

山林蕴含巨大财富，村民可以从山林里获取木材、土地和猎物等，但在饱读诗书之人看来，山林是一个村寨的风水林，山林茂盛则村民富贵发达，山林遭到破坏，则影响粮食丰收，导致贫富不均。村民对山林认识态度不一，往往引发纠纷。党武乡当阳村嘉庆二十年（1815）《笃意栽培》碑[①]言：

> 天下之山祭，源于昆仑，分支于寰宇，遐陬僻壤，无非此一脉之错□村落。龙蟠凤落而水带山襟亦钟灵焉。大寨后山一座，纵横里许，东至本寨屋，李姓买党姓山脚土；南至大路，北至场上店。屋后自来竹木畅茂，因之人土登贤书，此以知后山为风水所关也。自乾隆三十五年，不法之辈砍伐，寨迎神踏勘护蓄。至五十二年奸徒又起，纵火而焚，估占开挖，众等控，奉恩批断，伊出银封护，永不容败坏风水。阅数年，恶又猖獗复行砍伐，姓又迎神踏勘，捻不能制彼婪心，寨内小人辈遂借口成贪，竟争霸种更余地矣。渐至圳土，启石何异，敲骨吸髓，迩来寨内丰歉不一，贫富不齐，无风水之败于此山也。众姓惨目伤心，复于是年公议迎神再勘本寨后，除场上屋后，俱入后山内，当场不准晒谷，栽石为界，安头察护勒石为铭永侵占等情，倘有不遵，盗取木石草芥开挖者，一经拿获，公同送官究治。指及私嚼隐忍，亦同送究，头人众姓临事退避及唆掇侵占者，罚银十两。

该碑当是当地读书人集合本寨村民为了保护风水林而立。他们认为"屋后自来竹木畅茂，因之人士登贤书，此以知后山为风水所关也"。尽管大部分村民如此认为，但也有部分人不信风水，强行砍伐。"乾隆三十五年，不法之辈砍伐……至五十二年奸徒又起，纵火而焚，估占开挖……阅数年，恶又猖獗，复行砍伐……总不能制彼婪心。""不法之辈"多次砍伐后山林木，破坏了风水，导致"寨内丰歉不一，贫富不齐"。村寨山林每次遭到破坏，村寨就"迎神踏勘护蓄"，但时间一长，又会有人前去砍伐，效果不好。嘉庆二十年（1815），山林再次遭到破坏，村民在"迎

---

① 具体碑文内容见附录：规约碑第5。

神再勘本寨后"，还"载石为界，安头察护，勒石为铭永侵占等情"，规定"倘有不遵，盗取木石草芥开挖者，一经拿获，公同送官究治。指及私嚼隐忍，亦同送究，头人众姓临事退避及唆摆侵占者，罚银十两"。该地村民在多次"迎神踏勘"保护山林无果后，最终选择栽石立碑，立下规约。立碑保护山林，取得了较好效果，三十年后才再次出现破坏山林之事。党武乡当阳村道光二十四年（1844）《永同日月》碑载："至道光二十四年又出不法奸党……估占亩地，开挖后□以为彼之私业。"当地乡绅仍然以"脉伤则人物难保"等风水之说为由，并请求官府出面解决，约集"邻乡长即赴州衙"商讨，再次栽岩立碑禁止，并规定"倘于中居有不法奸细，暗含成党，私自砍伐……众人查出，送官究治，勿言"。在该地发现有两通保护山林的规约碑，可见当地风水林延续不断遭到外人破坏，而当地村民则形成利用禁碑来保护山林的传统。类似为保护村寨山林规约碑还有湖潮乡新民村寅贡寨光绪十三年（1887）《永垂不朽》碑，其碑言：

尝观水秀山青林木兆祯祥之瑞，地灵人杰风水卜永□□休。吾村祖籍江西创居云贵，相彼后山平底，倡植森林栽培，各出本金承买此地归众，蓄成参天老树，障蔽寨后，弥空上古，德厚同心，勿剪勿伐。后世分崩离意，随砍随挖，举目濯濯，忍悲宗功。为此公议严禁不准开挖。禁后再有入山伐木讨笋拔根，以及纵放六畜等事。拿获除醮祭外，罚银三两。庶几林木森茂，众寨永昌。为此公立严禁。

如碑文所言，当地乡绅耆老也相信山林风水之说，自来"倡植森林栽培，各出本金承买此地归众，蓄成参天老树"。但在光绪初年，有人"随砍随挖"，破坏了地方风水，因此立碑规定"严禁不准开挖，禁再有入山伐木讨笋拔根，以及纵放六畜等事。拿获除醮祭外，罚银三两"。如此，才能保得山林树木茂盛，村寨受到庇佑才会昌盛。

上述三通碑刻是为保护村寨风水林而立，此外一些村寨为了保护本村寨山林木材，也多有相关条约。如湖潮乡元方村无量寺乾隆四十年（1775）《永垂万古》碑有条规"山林竹木草厂园坎，若有乱砍一根，拿获三两戒众"；石板镇镇山村咸丰八年（1858）《十寨乡禁碑》有"盗窃五谷、竹木，拿获交总甲，除赔偿外，再议□罚"；石板镇盖冗村咸丰八年（1858）《禁碑告白》有"凡有盗窃五谷瓜果草木等类，均依各寨规条处断，如有不遵断，一经投团，重加处置"等。从上述规约条例来看，他们将砍伐树木之行为与偷取五谷瓜果之行为放在一起，是认为树木与粮食蔬菜一般，是供自己使用之物，与护村护护寨之风水林木不一样。为了保护自己的木材免遭外人盗窃，因此立规约碑时多有提及。有些村民为了开垦荒地，放火烧山，破坏了环境，村寨也多立碑禁止。如党武乡翁岗村咸丰十一年（1861）《永垂不朽》碑记载"公议不准放火烧山，如有违者，一经查出，罚银二两入公，如有不遵，凭众处治"；燕楼乡谷蒙村同治元年（1862）《万古禁止》碑立有如上一模一样的条例；黔陶乡骑龙村光绪十三年（1887）《有言奉告骑龙寨公议乡规碑》规定"放火烧山□□银一钱罚银三钱"，推测是为罚款损失的三倍；花溪乡洛平村光绪二十四年（1898）《永垂不朽》碑言"不准放火烧坡，乱砍树木，如违拿获，罚银三两，报口六钱"。可见在清代，放火烧山的行为还是较为普遍。

村民普遍立碑保护山林，一方面显示出该地区清代木材较为缺乏，另外一方面也折射出该地盗窃木材的行为较为普遍。村民立碑保护村寨风水林或者木材，客观上保护当地生态环境。

小　结

从上述两节内容来看，除少部分桥梁是个人集资修建的外，大部分公共事业建设是在地方乡绅有识之士倡首、地方民众集体参与的情况下完成的。湖潮乡车田村九洞石桥是在"黄、亚、刘、王、罗共五人倡首"，村民集体出力，最终修建而成；马铃乡盐井村双圆桥是在总头人和分头人的承首下，村民共同集资修建而成；屹立于燕楼乡谷蒙村翁岗河畔的

《万古禁止》碑则是在沈渐逵等十多名"首士"的共同见证下立的。地方公共事业的建设往往工程量大，牵涉人员较多，但又与地方民众生活息息相关。地方乡绅作为地方文化精英，拥有一定的威望，往往能够号召地方民众参与到地方公共事业建设中来，而且通过倡议在地方开展公共事业建设，为乡民提供了必要的利益，也进一步提高了自己在百姓中的声望，他们的影响力和权力也日益发展和巩固。地方村民个人力量薄弱，但通过集资出力的方式也可以参与到地方公共事业的建设中。这种通过地方乡绅的倡议，村民集体出力的合作模式，充分调动了地方社会资源，共同推进地方公共事业的建设。这种合作模式通过立碑得到进一步明确，并逐步形成传统。在承平时期，地方公共事业在这种模式运行下得到充分建设，各种基础设施得到完善，自然环境得以保护。但在特殊历史时期，地方人民生活受到严重影响，甚至生命受到威胁时，这种模式可以继续发挥作用，进而维护集体利益。如咸同时期，贵州各地动荡不安，花溪地区也未能幸免。花溪地区许多村民纷纷在村寨周边地区修筑营盘自卫。花溪湖潮乡有村民躲到附近的一个洞穴，并以数位乡绅"为首"，组织数十户共同出资修筑洞穴，从而使"老幼无离散之苦，妇女免戮辱之忧"。可见这种模式具有一定的稳定性，能较好组织地方社会资源，发挥最大力量以维护集体利益。

第四章　花溪清代碑刻与地方社会治安管理

清代中后期，吏治腐败，社会矛盾日益加深，社会治安问题突出。笔者搜集整理的 69 通花溪清代碑刻中，不少反映出了地方的社会治安问题。这些碑刻既记载了地方社会治安等一系列问题，同时碑刻本身也在地方社会治安过程中发挥了重要作用。笔者根据这些碑文，结合有关文献资料，就清中后期花溪的社会治安情况进行初步探讨。

第一节　清中后期地方社会秩序混乱与治理

反映出地方社会治安的花溪清代碑刻比较多，但多集中在清中后期。可见清中后期，花溪地方社会秩序较为混乱，与社会治安相应的规约类碑刻也较多。通过对这些碑文的分析，我们可以清晰看到当时地方社会的具体治安问题，如偷盗、流民扰民等现象的频发。对于这些问题产生的原因，我们试做探讨，着重关注官民的治理措施。

一、地方社会秩序混乱及原因探析

有清一代，贵州得到了很好的开发。明末清初，经过战乱的贵州人口锐减，大量土地荒芜。清政府除在各地设立卫所，屯军进行开垦外，还积极奖励开垦，吸引了黔省周边地区百姓纷纷进入贵州。地广人稀的贵州成为周边省份百姓向往的乐土。而贵州周边省份的百姓在遇到灾害时，也会选择移民进入贵州。据《贵州通志·前事志》记载，从康熙年到道光年的一百多年里，与贵州相邻的湖南、四川、广西，远一些的包括广东、江西、湖北等省经常遭受水灾，受灾的汉民就大量进入贵州逃难。贵州总督阮元、巡抚裕泰于道光十四年（1834）上疏真实记录了这一现象。"湖广土著因近岁水患，觅食维艰，始不过数十人散入苗疆，租种山田，自成熟后获利颇丰，遂结盖草房，搬运妻孥前往。上年秋冬，由湖南至贵州一路，扶老携幼，肩挑背负不绝于道。"①同时，不少外省破产的商人、手工业者也纷纷进入贵州谋生。

大量移民进入贵州，带来了充足的劳动力，先进的生产工具和生产经验，开垦大量的土地，大大开发了贵州。但我们注意到，到清中后期，仍然有大量移民源源不断进入贵州，致使贵州人口达到饱和状态，地方社会问题频发。"方今承平日久，人满之患，不仅黔省为然，而黔民刀耕火种，山尽开垦，地利既已无遗，生财之法，别无良策。而所在民鲜盖藏不足待一日之急。"②在早期，贵州人口还没有达到饱和状态，可以安置大量移民，但在清中后期，特别是道光以后，贵州人口基本达到饱和水平，无法安置大量外来移民。这些外来移民处于一种无业状态，成为游民，进退两难，加之清政府腐败无力，没能及时疏导，因而他们迫于生活压力，开始沿途行乞，甚至三五成群，强行上门索乞。花溪清代多通碑刻反映了这一现象。花溪桐木岭村道光十四年（1834）《县正堂示》碑一记载这些游民"成群结队，肆行强索，稍不如意，即放赖喧腾，甚或假乞丐之形踪，掠民居之门径。日则聚赌，夜则行窃"，"若遇人家有婚丧等事，彼此邀约，三五成群，拥挤门首，必遂所欲而后散"。这些游民组织起来具备规模，多达百余人，"沿门强讨"，"去而复来，以致村民深受其害"。我们在青岩镇和党武乡也发现了道光时期记载类似游民扰民的碑刻，反映这一时期"不法游民"扰民的现象比较普遍，地方社会治安经历严峻考验。

清代花溪地方偷盗现象比较频繁，如湖潮乡元方村乾隆四十年（1775）《万古禁止》碑就记载了当地"竟有一干无知棍徒，日间山上盗窃牛马猪只，夜间挖墙割壁，寅夜偷盗田中米谷荞麦豆粮，以及园饰瓜菜"。这种现象在咸丰年间以后则表现得尤为明显。据我们调查统计，关于禁止偷盗的碑刻，咸丰年间有 2 通，光绪年间有 3 通。这就说明，在清代中后期，花溪地方的偷盗现象比较普遍，已经影响到地方的生产和生活，因而不得不立碑禁止。究其原因，主要是因为地方世风日下，加之地方政

---

① 程贤敏.《清圣训》西南民族史料[M]. 成都：四川大学出版社，1988：253.
②《治黔策·分类时务通纂·内政类》，转引蒋德学《试论清代贵州的移民》。

府管理不善。咸同年间，贵州爆发了长达二十余年的各族农民起义。多年的战争已经使得贵州地方政府疲惫不堪，根本无暇顾及地方社会治安。常年的战争，导致社会极不稳定，伦理教化无从谈起，淳朴的风气得不到继承，偷盗现象层出不穷，屡禁不止。

二、严禁"不法流民"扰民

　　清中后期日益严峻的流民问题，打破了花溪地方社会的稳定，社会秩序遭到冲击，已经影响到地方村民的日常生产和生活。由于"不法游民"具备规模，且其中有不少"年力强壮之人"，村民依靠自身力量不易驱离，因而多请求官府发文示禁。地方官府为了维护社会治安，多颁布告示文书，对"不法流民"扰民问题作出相关禁示。村民得此告示文书，多将其镌刻成碑刻，立于村头寨尾，是希望告示文书能够像石头一样"永垂不朽"，告诫世人永久遵守。正是村民将这些告示文书镌刻于石头之上，我们现今才能看到当时的告示文书。在我们的田野调查中，共发现有四通镌刻官府禁止"不法流民"扰民的告示碑，分别是花溪区桐木岭村道光十四年（1834）《县正堂示》碑一、花溪区桐木岭村道光十六年（1836）《县正堂示》碑二[①]、花溪青岩镇新楼村道光二十年（1840）《请示勒石》碑[②]和花溪区党武乡道光二十四年（1844）《永遵州示》碑。

　　这些碑刻基本上都描述了"不法游民"强行乞讨、为乱地方的行为，可以看出地方官府和村民对这些"不法游民"深恶痛绝。在早期，地方官府能够区别对待这些游民，采取较为缓和的治理措施。如花溪区桐木岭道光十四年（1834）《县正堂示》碑首先劝谕游民"嗣后各宜洗心涤虑，自营生理，改为良善"，让那些年轻强壮之人改头换面，另谋生计，而对于那些真的不能自食其力，年老残疾之人，"许其乞丐"，但"不得骗赖，坐索强讨"。如此一来，则起到区别对待，分化游民队伍的目的。如果这

---

① 具体碑文内容见附录：告示碑第 6。
② 具体碑文内容见附录：告示碑第 7。

些游民不听劝谕，仍然继续在地方强行乞讨，危害地方社会秩序，则"许该乡约保长，即行指名扭禀，以凭尽法惩治。如约保不行严查，一经受害之家，禀送到案，定将约保一并重责不贷。各宜禀遵毋违！""乡约"本是一种地方自发的管理组织，起源于宋代，但发展到清代，已经演化为官府在地方推行教化的工具。"保长"是"保甲制度"的产物。"保甲制度"是清朝在地方大力推行的基层管理组织，用以消弭盗贼、维护地方社会治安，其规定十户立一牌头，十牌立一甲头，十甲立一保长。为了治理当地游民扰民的问题，贵筑县令下文催促地方"乡约保长"严查地方社会闲杂人员，对于扰民的"游民"则要求扭送官府究治，对于管理不力的乡约保长"重责不贷"，以此保证官府治理政策的贯彻执行。贵筑县于道光十四年（1834）颁布的告示对于治理地方游民问题没有起到很好的作用，于是在道光十六年（1836）又颁布一通告示，即道光十六年（1836）《县正堂示》碑。花溪区桐木岭道光十六年（1836）《县正堂示》碑在最后直接要求"嗣后知有年少乞丐，强行估讨者，即驱逐出境。若该乞丐胆敢肆闹不听驱逐，立即捆拿送案，以凭究惩。倘该管巡役人等不行驱逐，一经查出，定即责革不贷"。这篇告示相对于前一篇而言，语气更加强硬。为了安靖地方社会秩序，维护正常生产生活，贵筑县政府下令对闹事游民进行驱逐，并且要求巡役人严格执行。关于治理地方游民的问题，最终处理得如何，我们没有相关史料加以说明。但从碑刻中所见地方政府的治理措施来看，只是单纯的驱逐，并没有从根源上解决流民泛滥的问题。当然贵筑政府发布禁止"不法游民"扰民的告示，给深受其害的村民吃下一颗定心丸。村民可以借助政府的权威联合行动，集体驱逐闹事游民，更可以监督乡约、保长履行保障地方社会安定的职务，从而维持地方社会秩序的稳定。

三、禁止偷盗

花溪地区居民生计以农业为主，牛马等是当地居民重要的生产工具，圈养的六畜是重要生活物资。当上述生产工具和生活物资被盗后，村民必会遭到较大损失，影响到正常生产和生活秩序。该地区遗存较多禁止偷拿之石碑，侧面反映清代该地区偷盗现象较为普遍。湖潮乡元方村无量寺内一通乾隆四十年（1775）《永垂不朽》碑文直指本地近日"有一干无知棍徒，日间山上盗窃牛马猪只，夜间挖墙割壁，寅夜偷盗田中米谷荞麦豆粮，以及园饰瓜菜"，已经影响到当地的清平生活。石板镇镇山村咸丰八年（1858）《十寨乡禁碑》开头便言："盖闻国以民为本，民以食为天。自因乡规未启，盗窃滋犯，刻为碑记，永免贼害。"指出该地区一直没有制定乡规民约，村民行为没有受到约束，导致该地区盗窃偷拿现象极为严重，已经严重影响到该地村民日常生活，因此不得立下禁约碑。黔陶乡骑龙村光绪十三年（1833）《有言奉告骑龙寨公议乡规碑》指出："乡村之患，莫患于保甲不清，保甲不清，人心焉能得一。"暗指当地社会治安问题极为严重，人们行为不受约束，偷盗之事时常发生，因此需要立碑供村民集体遵守。面对频繁的偷盗行为，村民自发议定条规，遏制不良行为。偷拿主要集中在两个方面，一是盗窃六畜，一是偷拿五谷瓜果。针对这些偷拿行为，村民分别制定不同的条规和处罚。

（1）禁止盗窃六畜。

湖潮乡元方村无量寺乾隆四十年（1775）《永垂万古》碑规定"禁山上盗窃牛马猪只，拿获罚银十两戒众；禁无知妇女偷鸡鸭，罚银一两"；石板镇镇山村咸丰八年（1858）《十寨乡禁碑》规定"贼入境盗窃家财、六畜等，不光齐集本寨，鸣锣吹角，分路追赶，邻寨闻声，各守要路，拿获送交县官究治"；石板镇盖冗村咸丰八年（1858）《禁碑告白》碑规定"夜间有形迹可疑之人打牛马，路遇邻近之人，务要盘查，如不盘查，罚银三钱入公；夜间有盗得牛马去者，夫盗之家如访的踪迹，准投知本团，同团之人出力帮拿，有不前者罚银三钱；草厂揭牛传知各寨有不上前帮拿贼者，每门户罚银三钱入公"；湖潮乡寅贡寨光绪十三年（1833）《永垂不朽》碑言"如有被盗牛马什物，鸣众跟追，倘贼拒抗凶伤，每户出艮一钱送官究治"。可见，村民为了保护村寨六畜，特别是对牛马的偷盗有特别规定，处罚条例清晰。为了抓住偷窃牛马的盗贼，村民还有特别规定，要求同村邻寨齐集抓捕，不上前者罚之。

（2）禁止偷拿五谷瓜果。

该地区村民以农业为主，种植的五谷瓜果是他们生活物资重要来源。该地区偷拿五谷瓜果之事较为频发，村民也多立碑禁止。湖潮乡元方村无量寺乾隆四十年（1775）《永垂万古》碑规定"禁田中米谷荞麦豆粮，拿获罚银三两戒众；禁园中无知妇女偷取瓜菜杂物等项，拿获罚银三两戒众"；石板镇镇山村咸丰八年（1858）《十寨乡禁碑》规定"盗窃五谷、竹木，拿获交集本团甲长分议，除赔还外，再议□罚；盗窃草厂、菜、谷，拿交总甲，除赔偿外，再议□罚"；石板镇盖冗村咸丰八年（1858）《禁碑告白》碑规定"各寨俱有乡规，凡有盗窃五谷瓜果草木等类，均依各寨规条处断，如有不遵断，一经投团，重加处置"；花溪乡洛平村光绪二十四年（1844）《永垂不朽》碑载"不准乱讨菜数辣瓜，如违拿获，罚银六钱，报口二钱"。村民为了保护粮食生产，还立碑规定禁止纵放牛马。如湖潮乡元方村无量寺乾隆四十年（1775）《永垂万古》碑规定"禁纵放牛马、猪羊践踏杂粮"；石板镇镇山村咸丰八年（1858）《十寨乡禁碑》规定"六畜践踏五谷者，拿获交甲长，相地赔还。如不遵者，再投总甲认罚"。

根据上述规约碑记载，偷盗牛马者多为外人，立碑不仅要禁止这类活动，更是要动员全寨和邻寨之人齐集抓捕盗贼，"鸣锣吹角，分路追赶，邻寨闻声，各守要路"。偷拿五谷瓜果者，应多是本寨人。频繁的偷窃活动已经严重影响到当地村民正常生产生活，因此他们不得不立碑整顿世风。那么这种立碑禁止偷盗的活动是如何进行的呢？

在清代，乡约和保甲都是维护地方社会秩序的地方基层组织，但乡约偏向于地方教化，保甲偏向于地方户籍管理。在前述道光十四年（1834）《县正堂示》碑中，我们知道在地方有乡约和保长，可知在贵筑地方，已经实行了乡约和保甲制度。碑中还出现了"约保"的词汇，实际上是说明这两种制度出现了融合。我们推测，类似禁止偷盗的碑刻多是在"约保"的推动下立的，而"约保"的负责人多是地方乡绅有威望之人。乡约和保长作为清政府在地方的代表，有责任制定相关条规以维护地方治安，而他们也有号召力召集村民百姓集体参与乡规条约的制定，并且保证能够贯彻实施。花溪黔陶乡骑龙村光绪十三年（1887）《有言奉告骑龙寨公议乡规碑》在序言中说："凡我等一村之人同心和意，瑾请保甲共建乡规。"说明该乡规碑是在保甲的推动下进行的。在清中后期，地方社会动荡不安，各地纷纷建立团练以自保。这些团练也会制定乡规维护地方治安。如花溪石板镇咸丰八年（1858）《禁碑告白》在序言中言："于本年七月之望，本团齐集，重整乡规。"意指该规约碑是当地义和团集体议定的。这里的义和团实际上就是当地的一个团练组织，与光绪年间京津一带的义和团不是一回事。

需要注意的是，为了使得这些禁止偷盗的条约能够得到很好的执行，往往借用官府权威。石板镇镇山村咸丰八年（1858）《十寨乡禁碑》在碑文最后规定"以上诸条皆由众定。一寨有事，各寨同体。倘有坐视，公同议□，如再不遵，禀官究治"。官府往往借助乡约组织治理地方，为了使得乡约组织在地方能够积极发挥作用，一般多予以支持，因而"送官究治"也多有一定威慑。

第二节　官民共同治理地方社会

当地方社会秩序出现问题，定会引起地方利益群体的激烈反应。向来追求安稳的地方村民日常生产和生活受到影响，因而要求各方采取措施进行应对；负责地方治安管理的乡约或者保长更是责无旁贷，一方面是受理村民的苦楚，另一方面则在积极谋划制定相关对策，同时寻求州县官的支持；作为"守土有责"的州县官，积极支持基层组织自行处理村寨内部事务，只有在基层组织不能控制事态发展之时，才出面采取相应措施。

一、治安碑刻的约束处罚机制

清中后期，花溪地方社会秩序失衡，"不法游民"突入原本宁静的村寨，频繁地偷盗，破坏村民的日常生产和生活。素来追求安平日子，自给自足的村民无所适从，纷纷表达自己的不满。甚至有些村民因为瓜果被盗等事而闹得不可开交，导致邻里不和。随着时间的推移，地方社会秩序没有得到好转，村民的不满情绪达到临界点，危机一触即发。这时会有村民要求地方乡约或者保长履行职责，肃清地方不正之风。有的村民甚至推选乡贤，直接到县衙表达村民的集体意愿。地方基层组织，如乡约和保甲，本就是清政府在地方维护社会治安的基层组织。地方社会秩序出现问题，地方基层组织责无旁贷。在面对自己能够处理的社会问题时，这些基层组织自发采取相应措施，如乡约在村寨宣讲国家法律法规，要求大家集体遵守，同时谴责破坏地方社会治安的人群，保长则积极巡视村寨，捉拿盗贼。除此之外，地方基层组织还积极谋划制定规约，立碑禁止。对于地方基层组织自己不能处理的事务，如有一定规模组织力量的"不法游民"侵扰地方，一般则请求官府下文禁止，然后将官文镌刻在石碑之上。我们将这些碑刻统称为治安碑。

这些治安碑不是一纸空文。这些碑刻在村民的呼声中树立，对于改善地方社会秩序有着独特的作用。为了改善地方社会秩序，地方基层组织组织村民集体讨论，制定了相关禁止偷盗的条例，镌刻于石碑之上，或者将官府相关文书镌刻于石，然后选择一个重要的日子立在人流量比较集中或者重要的场所，使大家知晓。治安碑应村民需求而立，因而有着广泛的群众基础，其中的相关条文更是能得到村民的支持。治安碑的内容，本身是村民集体意愿的反映，是得到村民认可的。选择在重要的日子将碑刻竖立起来，无形中赋予治安碑极高的权威，神圣不可侵犯。地方村民集体的意愿通过碑刻得到进一步强化，进而演化为村民集体共识，久而久之，自然就成为村民活动所遵守的共同规范，约束着村民的一举一动。治安碑的约束功能是立碑组织者追求的首要目标，他们希望治安碑能在人们心中形成一种约束，这种约束能使所有破坏地方社会秩序的不端行为被扼杀于萌芽之中。当然，这只是一种理想状态，现实中仍然有人违背规约条例。

尽管治安碑明令禁止哪些事情不能做，有怎样的处罚，但仍然有人铤而走险，触犯条规。这时治安碑的处罚功能就发挥作用了。人们在树立治安碑时，都会共同制定相应的处罚要求，处罚方式有罚钱或者"送官究治"等，多以罚钱为主。如湖潮乡元方村乾隆四十年（1775）《永垂万古》碑规定"禁山上盗窃牛马猪只，拿获罚银拾两戒众"，湖潮乡新民村光绪十三年（1887）《永垂不朽》碑规定"茨木树料各各有主，倘有偷盗拿获加倍赔外，罚银七钱"，石板镇镇山村咸丰八年（1858）《十寨乡禁碑》规定"贼入境盗窃家财、六畜等，不光齐集本寨，鸣锣吹角，分路追赶，邻寨闻声，各守要路，拿获送交县官究治"。当有人扰乱地方社会秩序，这些治安碑的条例就成为当地惩处盗贼的依据，哪怕盗贼是当地村寨的熟人，也严惩不贷，毕竟有言在先，谁也不能违背。

任何规约条文，如果没有相应组织执行，也只能是一纸空文。花溪地方治安碑并不是单独存在的，而是有着广泛的群众支持，且依托地方基层组织而发挥作用。如前所述，花溪治安碑代表着地方村民的集体意志，为他们所认可支持，是有广泛群众基础的。而谁来具体执行治安碑的要求呢？那就是地方乡约、保甲或者团练这些基层组织。在这些基层组织的推动下治安碑得以树立，并且成为他们治理地方，改善地方社会秩序的"法律条文"。当然，为了能够更好治理地方，这些基层组织还必须依赖地方村民的集体力量。为此，他们还在治安碑中要求村民积极参加辑盗工作，甚至对不积极参与者实施处罚。如石板镇盖冗村咸丰八年（1858）《禁碑告白》碑规定"夜间有形迹可疑之人打牛马，路遇邻近之人，务要盘查，如不盘查，罚银三钱入公；夜间有盗得牛马去者，夫盗之家如访的踪迹，准投知本团，同团之人出力帮拿，有不前者罚银三钱"。

如抓获盗贼，对其实施罚银，那这些罚款如何处理呢？罚款当有以下几种处理方式。

（1）赔偿受损者。

如村民有牛马等物被盗，造成损失，当对其进行赔偿；奖励有功者。如有村民提供盗贼线索，或者捕拿盗贼等有功，当对其进行物质奖励。如花溪乡洛平村光绪二十四年（1898）《永垂不朽》碑规定"不准乱讨菜数辣瓜，如违拿获，罚银六钱，报口二钱"。

（2）集会修约或者村寨建设之用。

实施罚款除去赔偿奖励之外，多余的一般由基层组织管理。有些地方规定，每年集会一次重申规约，如石板镇咸丰八年（1858）《十寨乡禁碑》规定"每年约定六月十五日一会"。集会就会有相应支出，费用由余下罚银支付。如果没有集会，钱又有多余，则还可以用来修复风化或者倾塌的碑刻，或者用于村寨公共设施的建设。

罚银不管有多少，其本身就对盗贼形成一种威慑，数倍的罚款让他们的盗窃行为增加了风险，有利于抑制盗贼不良动机的发生。另外，对罚款的合理利用，可以保障治安碑的约束处罚机制继续运转下去，形成良性循环。这是有利于地方社会秩序建设的。

二、州县官的"不作为"与"作为"

清中后期花溪地方社会秩序失衡，出现各种各样的治安问题，州县官治理策略有两个选择，即"不作为"与"作为"。"不作为"即是不插手地方问题的解决，让基层组织自行处理。当问题的解决难度超出基层组织能够控制的范围时，这时州县官再介入，依法处理，这就是官府的"作为"。

州县官在面对地方社会治安问题的两种选择，有其高效合理之处。面对一般的社会治安问题，只要影响范围不大，官府多由保甲、乡约或者团练等基层组织自行处理。这些基层组织本就负责地方治安，有威望，又了解地方详情，自是能够团结地方处理好相关社会问题，而且往往能够比州县官处理得还好。而州县官也是从繁忙的基层事务中抽身而出，节约了行政成本，专心致力于其他公务，从而提高了行政效率。州县官的这种"不作为"给基层组织的活动提供了很大的空间，可以让其根据地方具体情况灵活处理各种社会问题，更为重要的是基层的社会传统观念在不受州县官影响的情况下得以传承下去。如石板镇盖冗村咸丰八年（1858）《禁碑告白》碑规定"各寨俱有乡规，凡有盗窃五谷瓜果草木等类，均依各寨规条处断，如有不遵断，一经投团，重加处置"。这就规定要求各寨按照自己形成的规约处置各寨自己的问题，而不是根据外来的统一认识来处罚，这就有利于他们地方形成的传统共识得以保留下来。而且从中我们也可以看出，立碑者要求地方各类问题的处理尽量在基层村寨解决完毕，而不是上诉官府。当然，州县官的"不作为"并不是直接说其撒手不管地方社会治安了。州县官不直接管理地方社会治安，但其却是以另外一种形式介入地方管理，那就是官方权威。在一些地方规约碑中，我们往往能够看到"送官究治""禀官究治"等词汇，这实际上就是州县官权威在地方的体现。如前所述，州县官不直接参与地方治理，却是应允地方基层组织管理地方社会治安，这些基层组织就是州县官在地方的代表。上述词汇的出现，是为了维护基层组织的权威，给那些刁钻蛮横之人进行警示威慑，以期推动社会问题的有效处理。

面对一般的地方社会问题，如偷盗、赌博等，基层组织秉承官威多能在基层内部就能处理完毕。但在遇到较大规模的地方社会问题，基层组织束手无策时，就会禀请官府出面处理。花溪清中后期，地方社会极不稳定，许多游民乞丐游走于各个村寨，强行乞讨。"不法游民纠集男妇百余人于各寨人家，沿门强讨，列坐盈门，不由出入"，"若遇人家有婚丧等事，彼此邀约，三五成群，拥挤门首，必遂所欲而后散，民间深受其扰"。面对这类有规模、有组织的游民群体，基层组织能力有限，无力应对，因而请求官府出面采取措施处置。这些基层组织无力处理的地方社会问题，官府不得不出面处理，以维护地方社会稳定。官府除安排巡役人积极巡查驱赶地方"不法游民外"，或者逮捕"强索估讨者"，此外还会颁布告示，禁止流民扰民。官府的这种"作为"可以视作是处理地方社会问题的最后努力，如果在这个层面还不能处理好这些问题，社会秩序将会进一步崩溃，并最终导致社会动乱。当然，官府的"作为"并不仅仅只针对地方社会治安，还治理包括基层组织不能协调的地方经济纠纷、粮花户的税收等这些问题。具体的论述我们将在下一章展开。

小　结

　　通花溪清代碑刻中，涉及地方社会治安管理的不少，时间集中在清中后期。这在侧面反映了清代中后期花溪地方社会治安问题较多，表现在外来流民冲击地方社会秩序以及偷盗现象的频发。为了稳定地方社会秩序，发展生产，地方村民和官府极力采取对策应对，如设立乡规民约禁止偷盗、颁布公文告示严禁"不法流民"扰民。这些涉及地方社会治安管理的碑刻为我们研究清代中后期地方社会治理提供了重要的史料来源，但我们不应该将这些碑刻的价值仅定义在史料上。其实，这些碑刻本身在地方社会治安管理上也发挥了重要的功能。村民依据碑刻约束和处罚社会不良行为。这些碑刻从产生到流传下来，无不凝聚地方人士为维持地方社会秩序的努力，是大家集体管理地方社会秩序的"法律文书"。

　　涉及地方社会治安管理的碑刻相较于族规碑、经济纠纷碑等碑刻，其影响是最为广泛的。地方社会治安问题牵涉到地方社会稳定以及村民切身利益，一旦出现问题，定会怨声载道。清代中后期，花溪地方社会治安问题突出，严重影响到了地方村民的生产和生活。在这种情况下，村民积极发挥集体力量，制定规约碑来约束治理或者借助官府权威来管理。这些碑刻由村民发起建造，由他们在地方社会治理中运用，也是由他们管理和保存下来。随着时间的推移，镌刻于石碑之上的规约条例就深深扎进当地村民心中，成为约束他们行为的准则，而碑刻本身则神圣化，成为一种传统的象征。

第五章 花溪清代碑刻所见经济纠纷

进入清代以来，贵州作为一个行省真正受到清政府的重视，经济发展提高到了一个新高度。贵州土地不断得到开发，人口迅速增长。但与此同时，伴随着繁荣经济活动而来的则是层出不穷的经济纠纷。花溪清代碑刻作为当时当地历史活动的一种档案记载，不少内容涉及经济活动，反映经济纠纷的就有 12 块碑刻。这些碑刻是研究清代贵州经济的重要史料，是微观层面的重要补充。仔细分析，我们发现这些碑刻所反映的经济纠纷可分为两个大的方面，一是涉及官府税务的赋税纠纷，二是民间经济纠纷。需要注意的是，这些经济纠纷不是家长里短的个人经济纠纷，而是涉及一个群体利益的经济纠纷，否则也不必镌刻于碑公之于众。因而，从这个角度而言，这些历史材料也可以说是宏观层面的。由于这些经济纠纷牵涉面广，如果处理不当，定会造成地方不稳定，影响恶劣。因而纠纷的最后处理往往会有官府的介入，并以官府告示的形式进行公示。因此，我们所见的这些碑刻多是官府告示碑，只有少部分是家族碑。

第一节　赋税纠纷

赋税是清政府的重要收入来源，一般有定额，由地方差役收取。在国家吏治廉明时期，赋税尚能够按规收取，但在朝廷腐败时期，地方官役往往从中渔利，私自提高赋税，或者滥派财物，增加民众负担，造成纠纷。反映花溪清代赋税纠纷的碑刻有 4 块，问题主要是地方县差违规收税。

一、道光初年科场滥派财物纠纷案

花溪湖潮乡元方村无量寺内有一通道光五年（1825）《奉宪示》碑，该碑记载了当地道光二年（1822）和道光四年（1824）科场一系列滥派克扣等税收纠纷。与该税收纠纷相关的碑刻还有花溪金竹镇金山村道光二年（1822）《巡抚部院糜示》碑和乌当区下坝乡喇平村《贡院石碑》。^①科场是封建时期国家通过科举制度选拔人才的重要场所。为了保障国家的抡才大典能够顺利进行，科场的修缮与维护必不可少。清政府财政关于科举经费的开支，每年在 20 到 30 万两之间^②。这笔经费开支用于乡会试士子路费、考官路费、科场经费和宴赏费用等。可见各地贡院修缮是有专门开支的，但费用不多。由于贡院修建所需之物多通过地方胥吏采买，往往出现地方县差滥派或者低价采买等腐败现象。如《奉宪示》碑记载，地方民众苦于"里差滥派科场良木柴炭等物"，因而上诉至贵州布政使糜奇瑜，其与贵州按察使景谦联合上报贵州巡抚嵩孚，得到"阖省均免，永无滥派"的回复。糜奇瑜也批示"黔省办理科场一切经费，均有帑项开销，无庸捐帮，须用竹木柴炭等物，也不必派累闾阎"，下令禁止再次征收科场费用，同时下令对滥派的县役宋连升等人进行彻查，解除了百姓一大负担。《巡抚部院糜示》碑即记载了糜奇瑜该条批示，可见当地不少地方深受科场滥派之害。《糜奇瑜家传》亦记载了这件事，"道光壬午科监临贵州乡试，访得每届科场，地方官派取大木，甚为闾阎之害，公批示禁革，积年民困为之一苏。"^③

科场滥派积弊日久，短时间内不能杜绝。贵筑县在道光二年（1822）禁革科场滥派，但到道光四年（1824），地方县差又变相敛财，如低价采买科场所需之物或者克扣，引起地方民众不满。《奉宪示》碑记载道光四年（1824）地方民众上控到贵州布政使吴荣光处，其批示"事关纵役扰民"，时任贵阳府知府色卜星额裁定"科场需用各将应物进城，当堂发银，照示平买，不经需胥吏之手，不准克扣短发滥派勒折"。《贡院石碑》记道光五年（1825）"黔省向来承办科场之事，率多任听家人书役，将夫役顾价克扣余欠，并于闲中需用蜡烛酒菜鱼肉煤油盐锅盆碗盏等，竟勒派

---

① 《巡抚部院糜示》碑现立于花溪区金竹镇金山村，碑高 163 厘米，宽 73 厘米，厚 9 厘米，具体碑文内容见附录：告示碑第 2。《贡院石碑》摘自罗登宜. 贡院石碑[J]. 贵阳文史，2011（3）.

② 史志宏，徐毅. 晚清财政：1851—1894[M]. 上海：上海财经大学出版社，2008.

③ 陈建华，王鹤鸣. 中国家谱资料选编：传记卷[M]. 上海：上海古籍出版社，2013：625.

行户短发价值之事"，规定各府县"严伤家人书役，一体遵照。凡科场所需一切物件，须按照时价，现银平买，勿许徐欠短发，应用夫匠，按日给价雇募，小得强派滋扰，侵扣累民。倘敢阳奉阴违，一经访闻或被告发，定即严拿究办，并将失察之该管各官，分别参处，决不姑宽，毋违切切等。因奉此介就扎行为此，仰府官吏即便遵照，严伤承办之员，留心稽查妥办，并出示晓谕，勿使家人青役借端滥派勒折，短价购取，扰累间阎。倘有前弊，一经查出，即将办家人差役，严加重究，承办之员一并详参，毋违，特扎"。①至道光八年（1828），清政府举行戊子科考试，时任贵筑县知县张攀龙为了保障科举顺利进行，避免再次出现科场滥派之事，于是将道光二年（1822）和道光五年（1825）有关科场滥派之纠纷判决的官府告示再次贴出，但并没有关于科场之事的最新记载，当是科场滥派之分得到了很好的遏制。

贵筑县役以权谋私，以科举为名，乘机滥派，给地方民众带来了很大的经济负担，引起众怒，造成纠纷。地方民众苦于其中，从而上控到贵州布政使或者贵州巡抚。从上述几块碑刻来看，最后的处理都涉及贵州巡抚、布政使和按察使，可见其影响之大，为害尤盛。

二、户书勒折征收田赋

户书是清代地方州县中负责征收地丁钱粮的胥吏。贵州田赋，包括地丁与钱粮，前者征收银两，后者征收实物，故又称"钱粮"和"米粮"。但贵州的田亩一直未核查计量，不是按亩收税，而是摊派认纳。因此，贵州各地赋税额率多寡不均，甚至同一州县不同里甲、不同户也各不相同。如清末贵州贵阳府民田地丁税率有每亩 0.0154、0.0214、0.0677、0.1051（两）②四种。而贵州各州县计亩方法不一，各地分别采用习俗相沿之规，有的按出谷之挑担数、石数计，有的按幅、份、丘、块等计。这实际上

---

① 罗登宜. 贡院石碑[J]. 贵阳文史，2011，（03）：68.
② 贵州省地方志编纂委员会. 贵州省志：财政志[M]. 贵阳：贵州人民出版社，1993：24.

给各州县负责征税的户书以很大可乘之机，他们假以各种名目提高税率，压榨百姓，中饱私囊。雍正六年（1728）贵州提督杨天纵上书痛陈贵州天赋征收过程中的弊端，直言"催差到乡，不管正供之有无，必先需索手钱、鞋脚钱，此催差之弊也。至征收条马等银，明加之外，又有暗加，又复勒取票钱……余即分肥私囊，此库吏之弊也。征收米谷，正耗之外又有高收者、私折者，此仓书斗级之弊也"。①贵州征收田赋，每年在 25 到 26 万两之间。但在实际中，"实征数都大大超过规定数，有的超过一二倍，有的超过四五倍，还有七八倍的，以致'民苦重负'而官短税收"。②可见，清代贵州田赋征收积弊甚巨，官员的压榨无处不在，百姓苦不堪言。百姓除了上交正税，还要缴纳各种杂税，如马倌银、食盐银、火银等税课。这对百姓而言无疑是雪上加霜。在这种情况下，一旦有书户擅自更改旧规，提高税额，百姓定会积极向地方州县官告状，请求更改。如遇到有所作为的州县官会接受百姓的请求，以安抚民心。花溪马铃乡凯坝村道光二十年（1840）《告示》碑便是这种历史情况的见证。

《告示》碑记载"从仁里各寨地丁各照旧规加五上纳，接年无异。近回（道光二十年）户书马云章催征该里地丁，擅敢更改旧章"。此举引起当地百姓不满，拒绝缴纳相关赋税，同时上告到广顺州知州杨兆奎处③。如碑记"照旧规加五上纳"为何意，《告示》碑没有进一步说明，查相关史料，亦无明确记载。毕节"完纳钱粮碑"是根据光绪六年（1826）毕节知县制定的赋税征收法令而镌刻④。该碑规定"地丁银两谨遵宫保（丁宝桢）示，定每丁条一两，正耗一钱伍分，公费二钱，共折征银一两三钱伍分，外加平色伍分"。考虑到《告示》碑的后半部分内容，多设计银色。因此，《告示》碑中所指的"加五完纳"，应该是加平色五分。"平色"指银的轻重和银质的高下，旧时用生银买卖必须兼计平色。清时，各地

---

① 何平. 清代的时势变迁、官员素质与赋役征收的失控[J]. 社会科学战线，2004，
（02）：145-151.
② 贵州省地方志编纂委员会. 贵州省志：财政志[M]. 贵阳：贵州人民出版社，
1993：21.
③ 杨兆奎，山东宁海县举人，道光二十年署广顺州知州。
④ 吴长生. 关于毕节"完纳钱粮碑"及其他[J]. 贵州文史丛刊，1998，（4）：30-33.

银两成色不一，而上缴的银两成色以国家规定为主。在银两成色达不到国家规定标准时，地方书户要求百姓多交一部分钱补充其不足，这往往成为户书中饱私囊的一种手段。杨兆奎曾在浙江分水任知县。在分水遭遇旱灾时，写了一首《舞雩行》，诗词真挚感人，表现其关心民间疾苦①。这样一位为政爱民的官员，在接到从仁里百姓的上诉后，马上调来户书马云章询问详情。查明是户书擅自更改旧规后，下令规定，从此以后，"凡有粮花户自应遵照旧加五完纳，毋得抗延包揽□渔，该书役亦不得从中仰勒，格外苛征。所有 库践 遵照部颁法码较准征收设；或毫松星朦，许即禀请核换；或银色不足，亦应令花户自行倾销足色，免致□厘退水，借端索勒之弊。自示之后，倘敢仍前苛勒生事，定即严拿究办，绝不姑宽"。知州杨兆奎居中调解，一方面要求各花户按时按质缴纳相关赋税，以保障国家税收；一方面则是责令户书根据旧规收取赋税，以维护百姓的利益。该调解的结果镌刻在石碑上，立于赶集的凯坝场，为更多的人所知悉，以免户书再次借端压榨百姓。

花溪党武乡翁岗村光绪二十四年（1898）《定期完纳赋税碑》亦记载当地赋税纠纷问题②。根据《定期完纳赋税碑》记载，当地于乾隆五十八年（1793）开始缴纳地丁银，后"因粮头赴贵缴粮"，引起该户书不满，"被金户书耸官杖责击押毙命"。该案在当时当地引起很大影响，甚至惊动了当时的云贵总督。可见当地百姓与户书之间的矛盾纠纷由来已久，积弊甚深。在云贵总督的批示下，将相关官吏撤革，且规定以后"由粮长每两加针平火耗银五钱，每票一章钱十文，添一票二钱，割一票一钱，在乡凑集，于每年九月二十八日听书役下乡收取"，书役不准于中勒索，不准嗑虐浮收。该规定镌刻于石碑上，相沿到光绪年间，经过多位官员目睹。光绪二十四年（1844），旧碑风化严重，在地方乡绅的配合下，广顺知州龚家同再次将该条规定镌刻于石碑上③，"仍令该良民世守勿替，

---

① 王顺庆. 分阳诗稿选赏[M]. 杭州：浙江大学出版社，2014：131.
② 该碑现立于花溪党武乡翁岗村摆头山活佛寺，碑宽 66 厘米，高 157 厘米，无碑额，碑名为笔者根据碑文内容拟定。具体碑文内容见附录：告示碑第 14.
③ 龚家同，浙江任和人，光绪十六年任广顺知州，光绪二十三年再任。

兹准照常依书，合众完纳"。该官员重立石碑，是为明晰当地科则，以免户书勒索百姓，避免百姓与户书的纠纷，同时要求地方百姓按规缴纳相关赋税。

第二节　民间经济纠纷

经济纠纷实际上是一种利益的冲突，是人类活动的一个重要主题。在民间，一般规模较大的经济纠纷多与田产相关，而且在背后牵扯到多种利益冲突。涉及花溪清代地区民间经济纠纷的碑刻有 6 块，其中三通碑刻涉及寺院田产，另外三通碑刻与宗族族产相关。

一、寺院田产纠纷

花溪境内很早就有宗教传入。道教在元代传入，佛教在明代传入，至清代中叶就已经十分兴盛。据《贵阳市花溪区志》统计，花溪境内至少有 89 座寺院道观。[①]可知宗教活动在清代花溪非常活跃，是人们慰藉精神的重要场所。寺院道观一般附有田产，为地方信徒捐赠，用来租佃以收取米谷或者银两，从而维持寺院道观的正常运转。随着时间的推移，一些别有用心的人强行霸占寺院田产，或者因为租佃原因而引发纠纷。

花溪青岩镇谷通村道光十三年（1833）《高峰寺庙田纠纷遵照碑》则记载了当地高峰寺庙田被侵占以及最后的处理结果。[②]高峰寺为佛教寺庙。根据碑文内容记载，可知高峰寺原有可产四石余斗的庙田，后来又

---

① 贵阳市花溪区地方志办公室.贵阳市花溪区志[M].贵阳：贵州人民出版社，2007：176-178.

② 该碑位于花溪区青岩镇谷通村大寨，青石质，高190厘米，宽70厘米，厚13厘米，无碑额，内容分为上段和下段，上段为《遵照》，下段为《高峰寺常住田土碑记》。碑名为笔者根据碑刻内容拟定。

捐赠有可栽种六斗的粮长田。但在道光初年，"该地棍赵大帽等估耕侵食粮长田谷，藉办公为名，混行耗费，以致庙宇毁颓，差役不供"。此举在当地引起人们不满，当地乡绅代表"陈灿连、郑元緄、赵文法、杨登仕、岱宗仁俱控到州"。广顺知州在查明情况后，要求将高峰寺田产登记在册，并示意当地头人及主持将告示镌刻于石，规定"嗣后毋许赵大帽及不法棍徒在庙侵扰。粮长田系众捐置，每年派二娃耕种，分花交给值年头人，秉公办差，毋得混争，倘仍踏前辙，许住持及头人等赴州具禀，以凭究治，决不姑宽"。该碑后半部分记录了高峰寺的田产，是以明示，防止被人侵占。

花溪青岩镇龙井寨道光二十六年（1846）《龙泉寺庙产具结书碑》则记录了该寺庙因为租佃关系而产生的经济纠纷。龙泉寺为佛教寺庙。根据碑文内容，梳理可知，龙井寨后山有大片田土，系当地罗氏和王氏自康熙年间以来所购买之土地。只有南山下面水井旁边有一小部分系付姓捐赠给龙泉寺，但并无老契。该片土地一直以来由当地王老九祖人耕种，一直到道光年间。但在道光二十六年（1846），龙泉寺新来住持戒香想要收回这块土地，但遭到当地罗王二姓等人的反对，于是龙泉寺住持便将二姓控告到广顺州衙门。该纠纷最后在当地"乡长"的斡旋下，得到顺利解决。王老九退佃龙泉寺的庙田，不再多事。龙泉寺方面则不再控告罗王二姓。为恐日久生变，戒香和王老九"两造具结"，在州主的建议下，将最终处理结果镌刻于石，表明双方态度，不再生事。到清中后期，贵州人口迅速增长，加之土地兼并，耕种土地非常紧张，人们为了仅有的土地是寸土必争。

花溪青岩镇道光四年（1824）《朝阳寺文昌阁碑序》所反映寺院田产纠纷则是班氏土司和当地百姓之间的纠纷。①碑言朝阳寺和文昌阁系当地百姓集资修建。但在乾隆四十三年（1778），班氏土司家族祠堂遭到严重灾害。班氏土司故而将其祖先泥像搬入朝阳寺内，答应在修建好祠堂后迁出。然而班氏土司"竟久假不归"，引起当地百姓极大不满。当是之时，

---

① 具体碑文内容见附录：公益事业活动碑第11。

班氏土司在地方仍然有一定实力，因而敢于明目张胆霸占朝阳寺，当地百姓也是敢怒不敢言。到道光四年（1824），班氏土司势力不再如清初，地方百姓也得到发展，因此敢于正面与班氏交锋。当地百姓于"道光四年二月初三日，恭迎圣诞，爰将泥像送回，并给手书，劝以尊圣敬宗"。百姓的良苦用心，班氏土司并不接受，并以武力相威胁。百姓无奈，只得上告到贵阳府，获得官府的支持。官府规定，班氏土司将泥像搬出朝阳寺，允其在山上"修祠供像"。当地百姓与班氏土司"争夺"朝阳寺，不仅是反对班氏土司霸占他们集资修建的寺庙，更是他们反对班氏土司压榨的一种态度。如上一节所述，班氏土司利用征收赋税职权，压榨百姓，中饱私囊，已经引起当地人的极大不满。因而，一旦有机会，他们就会集体对抗班氏土司。该通碑刻的镌刻，本身就宣告班氏土司在当地势力的衰落，百姓多年对抗班氏土司的胜利。

二、宗族族产纠纷

花溪境内自清代开始，就分布有许多宗族。这些宗族在地方拥有一定势力，并且大多建有宗族祠堂，置买一定数量的宗族田产和坟山。到清中后期，贵州人口迅速增长，人地关系渐次紧张，这些宗族的族产遭到一定的冲击。这种冲击有来自宗族外部的，也有来自宗族内部的。在宗族族产遭到冲击之时，宗族头人本着"承先启后"的原则，积极设法保护宗族先辈留下的财产，以保障宗族组织的正常运转，从而使得家族不断发扬光大。

花溪石板镇花街村有一通咸丰九年（1859）的《为善最乐》碑，该碑记载了当地罗氏家族的坟山多次遭到外姓人的破坏而多次保护的历史。根据该碑记载，罗氏家族在万历七年（1579）就购买了杨家山和小合朋山作为家族坟山，"两山并峙周圆数里，历葬各祖。"但从乾隆六年（1741）开始，不断有外姓人在罗氏家族的坟山周边挖煤，从而破坏了坟山风水。而罗氏家族为了保护家族坟山而阻扰周边村民去挖煤。两者之间围绕罗氏坟山而产生了纠纷，这种纠纷虽不直接涉及经济，然而却是一种经济纠纷。在这场纠纷中，罗氏首先遭到损失，因而多次向官府上诉。在官府的介入下，由于罗氏家族坟山有契据，五次官府的判决都以封禁不准开挖而结束。最后一次官府的判决是咸丰七年（1857）。罗氏家族为了防止再次出现开挖的情况，于是在咸丰九年（1859）立下三块石碑，其中两块立于坟山周边，一块立于罗氏祠堂，"以志不朽"，期望族人能够永远记得。罗氏族人可谓用心良苦。

族人为了维护家族荣誉，保护家族共有的财产，对侵犯家族族产的外姓人自然是积极应对，但对于破坏家族族产的族内人，家族内的有识之士也定会从大局出发，积极制止。花溪党武乡茅草村有两通道光二十七年（1847）《奉府示谕》碑，均记载当地李氏宗族控告族人盗卖族产之案情。根据碑文内容可知，当地乡绅、李氏族人李毓琴联合族内多人一起控告族人李毓碧、李九受等人盗卖祖业。在李毓琴等人的努力下，官府最终判决"尔等毋得私行盗卖盗买李姓祖业，倘敢不遵，一经被人告发，定将尔等照例究治，绝不姑宽"。官府甚至对李氏祖业的管理也提出了建议："并谕李姓子孙，凡系祖地，业已出示，禁卖禁买。尔祖上留有祭田，每年收租拜扫应听公正族长管理，以绵祭祀。嗣后如有不肖子孙强横霸占等情，该族长立即送究重处。此本府为尔等敦宗睦族之意，各宜凛遵毋违。"字里行间我们可以看出，该官员也是希望李氏家族产业能够得以保全，以利于家族的延续和发展。这应该也是该官员判决该案的一个出发点。当然，如果该判决能够维护李氏家族的和睦团结，那么这个地方的社会秩序也就不会因为李氏家族的分裂而出现问题，官员也就达到了治理地方的目的。

小　结

笔者在本章中所述的经济纠纷，如前所言并不是毫无影响的小纠纷，而是涉及一大部分人利益的经济纠纷。这类经济纠纷牵涉面广，一旦处理不当，定会在当地造成恶劣影响，甚至影响地方社会秩序正常运转。因此，当这类经济纠纷当事双方的冲突发展到不能私下处理时，当事的一方定会上告到官府。因此，笔者在本章所论述到的碑刻，基本上都有官府的影子。可见，官府在处理这类经济纠纷中处于很重要的位置，而人们也乐于向官府上诉。当然，这些碑刻之所以能够产生，是因为上诉方赢得了这一场官司。为了巩固胜利的果实，人们将有利于自己的官府判决告示镌刻于石碑，公之于众。对于立碑者而言，这是一种胜利成果的展示，更是巩固自己利益，防止类似纠纷再次发生的手段。所以，李毓琴等人赢得官司之后，镌刻了两通《奉府示谕》碑；罗氏家族在官府判决之后，立了三通石碑保护家族坟山。而败诉的一方，只能接受官府的判决，承认胜诉方所立之碑。从这个角度出发，碑刻内容其实也就是纠纷当事双方所接受的结果。这个结果如磐石一般，真实而不能变动了。

我们不能忽视这些经济纠纷处理过程中的重要一环——官府。官府作为管理地方的行政机构，在遇到经济纠纷时，自然有责任，也必须去积极处理。那么，从官府的角度，他们如何来判决处理这些经济纠纷呢？笔者认为，官府的出发点是要保障地方社会秩序，维护国家的稳定。也就是说，为了保证这个出发点，他们可以牺牲上诉方的利益。从两通《奉府示谕》碑中，我们可以看出，官府为了使得李氏家族能够和睦团结，保障地方社会稳定，官府判决禁止盗卖盗买李氏祖业。而在《朝阳寺文昌阁碑序》记载中，在乾隆四十三年（1778），当地的朝阳寺被班氏土司霸占之时，官府并不能为了当地百姓而做出不利于班氏土司的判决。因为在清初，班氏土司在地方还有一定势力，而且官府还得依赖班氏土司在地方催征钱粮。一旦官府做出不利于班氏土司的判决，难免引起班氏土司的不满，进而导致官府的税收工作不能顺利开展。

第六章　花溪清代碑刻所见民族活动

在清代，花溪境内主要分布有苗族和布依族两个少数民族，东南方向的青岩和高坡还分别处在班氏土司和大平伐长官司的控制之下。在长期的历史活动中，各种社会活动群体因为各自利益而相互碰撞。花溪清代碑刻作为当时当地历史活动的产物，在一定方面也折射出不少民族问题。这些民族问题活动包括有各民族对土地的自我管理、民族关系、土司地区的税务问题等。通过对这些民族活动的考察，进一步揭示地方社会的多样性。

第一节　少数民族土地的自我管理

清代花溪境内的苗族和布依族两个少数民族，由于历史的原因，布依族一般居住在丘陵平地，依山傍水，水资源丰富，分布较广，与汉族接触密切，苗族则居住在山区，与周围民族的交往和联系较少，高坡地区苗族分布较集中。由于高寒路远，交通极为不便，汉族较晚进入，苗族受汉族影响也相对较晚。清初以来，大量汉族进入花溪境内，对少数民族的田产造成了一定冲击。各少数民族在继承自己文化传统的基础上，适应时代变化，对自己的田产进行自我管理。

一、高坡苗族崖葬地的破坏与管理

高坡苗族乡是花溪区最边远少数民族乡，位于贵阳市东南角，距花溪区政府所在地 31 千米，与黔南州龙里县、惠水县毗连。高坡乡气候温良湿润、雾多、凌冻大，霜期长，谷底、坡腰、坡顶气候各异，为典型高原山地小气候。高坡境内有发育成熟的喀斯特岩溶地质，垂直而下的悬崖，溶洞较多，是当地苗族古时候安放棺椁的理想之地。高坡的主体民族是苗族，占总人口的十分之六七，另有少量的布依族和约占总人口十分之三的汉族。

高坡苗族与惠水、龙里苗族属于同一支,历史上被汉族称为"高坡苗",又称"红毡苗",所操语言属于苗语西部方言的惠高土语区。高坡苗族在清代风行悬棺葬、崖葬和堆砌葬。悬棺葬是一种特殊的葬习,推行较少,而堆砌葬作为一种"假葬",后期还要进行二次葬,并最终葬在岩洞内。可见,崖葬是当地最为普遍也是最终的墓葬之地。有学者对其墓葬习俗论述道:

　　高坡苗族的宗教观念没有'阴间''地府'或'天堂'之说。苗族传说自己的祖先先前都是出生于岩洞,居住于岩洞,死后回到洞中;祖先的灵魂安息在洞中(葬洞称为'祖灵洞')成为'洞神',随时都在保护着他们,只要子孙们敲鼓,祖先的灵魂就会回到他们的身边。按照'事死如事生'的伦理观念,苗族人把死去亲人的尸骨安葬于偏僻幽静的岩洞,既能完整保存祖先遗骸,又能使死者的灵魂'重归故里',回到祖先生活的地方。[①]

　　实行崖葬的溶洞之地是当地苗族的圣地,葬洞周围的植被保存非常好,参天大树随处可见。但到清中期,特别是嘉庆年间,葬洞周围的环境遭到破坏,不少大树被砍伐。嘉庆年间,不少汉族进入高坡地区,并逐步定居下来。他们对木材需求旺盛。同时,当地苗族开始与周边地区民族频繁交往起来。花溪高坡乡杉坪寨嘉庆十七年(1812)《修路碑记》言"常观道迁,来往跋涉,甚是不便"就是这种情况的反映。苗族开始与周边汉族交往,形成了经济关系。在长期的经济往来中,苗族人民开始砍伐树木,以换取财物。在经济利益的推动下,高坡乡杉坪寨的木材资源大量开发,加速了木材外卖。花溪高坡乡杉坪寨嘉庆十六年(1811)《龙村锁钥》碑记载"有人不认宗族,广钱营利,剖腹藏珠",即言明当地苗族有人私砍木材牟利,破坏了当地苗族崖葬地周边的环境。对于这种情况,苗族人民积极应对,以防止情况恶化,制定了具有规约性质的

---

① 严奇岩.从《龙村锁钥》碑看苗族洞葬的祖先崇拜与风水信仰[J].贵州民族大学学报,2015,(03):1-6.

《龙村锁钥》碑，明文规定"不许谁人再伐再卖，如有不遵者，众问皂祭。封山通知"。

高坡苗族实行父子连名制，推崇祖先崇拜，血缘关系浓厚。他们时常举行规模较大、时间较长、形式多样的祭祖活动，以求得祖先庇佑。根据文献记载，高坡苗族"中秋节前后合寨杀牛延鬼师祭祀祖先活动，是苗族传统祭祀习俗中最为隆重的祭祖活动，即椎牛祭祖"。《龙村锁钥》碑立碑时间是嘉庆十六年（1811）八月上浣日，当是当地苗族举行祭祖活动期间。选择在这个时间段内立碑，一来可以让更多的苗族知晓该条规约，二来是通过祭祖活动刻立的碑刻，其约束性更强。祭祖活动是当地最为盛大的集体活动，人人都会参与，热闹非凡。在这时期公布规约，可以最大范围的将规约内容传递出去。祭祖活动是热闹的，也是神圣的。苗族人民心里怀着对祖先的无限思念参加祭祖活动。在活动期间公布规约碑内容，可以更好地引起大家的关注和共鸣，从而达成一致意向，效果极佳。

《龙村锁钥》碑的竖立还靠罗文魁的积极推动。罗文魁是当时较早接触汉族文化的苗族。他在十四五岁时，"便在父母的支持下，就学于高坡国埲寨汉族私塾教师的门下"[①]，学习不少汉族文化，精通汉语文。他学成归来，积极推广汉文化。他创办私塾，招生讲学，倡导推行汉名等。苗族有"议榔"的习俗。通过议榔制定榔规来约束族人行为，但并无明文。罗文魁将汉字与议榔结合，将榔规通过汉字记录下来，并镌刻在石碑上，公示族众，从而才有了我们现在看到的《龙村锁钥》碑。

高坡苗族的崖葬地是当地苗族的集体墓葬地，是他们的共同田产。当这些田产遭到破坏时，高坡苗族在遵行当地传统的基础上，又积极借鉴汉文化，选择在当地祭祖活动时树立规约碑刻。由于当地苗族与汉族接触较晚，此时他们并不能像汉族一样，对自己的集体田产有明确的登记和划分，只是依照传统，认为是宗族集体财富。因此，高坡苗族的集体田产并没有契据。当这些田产遭到侵犯时，他们也只能是依靠族人对祖先的崇拜心理来约束族人，而不是像汉族一样依靠明确的产权归属来管理。

---

① 中国人民政治协商会议贵州省贵阳市委员会文史资料研究委员会. 贵阳文史资料选辑：第 13 辑：少数民族资料专辑[M]. 1984：123.

二、布依族土地产权的明确

布依族在花溪境内分布较广，多在依山傍水的坝子上，聚族而居。由于布依族所耕种土地较为肥沃，水资源丰富，一直以来就是官府控制下的"熟田"。因而，这些土地一般登录在册，土地所有者领有官府承认的契据。加之汉族大量进入该地区，土地流转较为频繁。至少到明末清初，布依族的土地所有制已经具备有买卖租佃的封建关系。土地为私人所有，产权较为明确。当布依族的田产遭到侵犯时，他们多依靠土地契据来维护自己的利益。

花溪青岩镇龙井寨道光二十六年（1846）《龙泉寺庙产具结书碑》是当地罗王二姓布依族在与寺院的田土纠纷解决后所立的。该碑清晰记录下当地布依族与寺院争夺田产的过程。大致过程是：道光二十六年（1846），寺院住持欲收回王老久所租佃之土地，"恐其不允赴案，妄控罗王等在案"。王老九"自知情亏，请乡长于中说息"。最终佃方同意退佃，纠纷基本解决。后呈报官府，双方具结保证"各照契管业，不再行多事"刻石为铭。碑文开头便言"龙井后龙皆山也，其西岫地名木路山，山下幽谷一窝，自康熙以来，罗王二姓所买地土也"。可见当地布依族对自己所有的土地产权非常明确，不容侵占。在纠纷解决后，他们在所立石碑中还极力强调"各照契管业"，是以进一步强调依据土地契据来管理自己的土地。在立碑之前，他们把纠纷处理结果呈报给官府。在官府的授意下，才"刻石为铭，栽石作界"。也可知，当地布依族对土地的产权所有，已经获得了官府的认可，是合法的。在与汉族长期交往的过程中，当地布依族越来越倾向于将自己的土地合法化，将土地登录在册，领有土地契据，从而依靠土地契据来管理自己的地产。在这场纠纷中，"乡长"发挥了关键作用。"当地布依族内部的社会组织，历史上村寨有'父老'，家族有'族长'，共同维持社会秩序。"[1]这里的乡长，相当于地方村寨德高望重的父老或者族长。这场纠纷的发生，已经在地方激起不小的波澜。

---

[1] 中国人民政治协商会议贵州省贵阳市委员会文史资料研究委员会. 贵阳文史资料选辑：第13辑：少数民族资料专辑[M]. 1984: 15.

一方面是地方的大族，另一方面则是寺院，两者相持不下。乡长为了维持地方社会秩序，缓和当地布依族与寺院之间的矛盾，积极在两者之间游说，最终促成了纠纷的解决。

花溪湖潮乡寅贡寨光绪十三年（1887）《永垂不朽》碑反映当地布依族人民对自己所拥有的土地产权亦是非常明确。在地产遭到破坏时，他们极力通过碑刻强调自己拥有土地契据。立碑的起由是因为当地村寨后山的参天老树被砍伐殆尽，因而立下规约数条，禁止砍伐。在规约碑的序言部分，他们强调这片树林是大家"各出本金承买"的，是通过买卖合法拥有的，为官府所认可的。碑文最后还强调"其有杨姓所卖之田土山林树木扫清卖归本寨，除坟外寸土不留，现有契据"。当地布依族通过碑刻强调他们拥有契据，是当地田土山林的合法拥有者，如有外人乱砍这片山林，将会遭到他们的起诉。1950年实行土地改革时，当地布依族村民不希望杨家把土地收回，于是将该碑埋入地下（碑刻记载土地是从杨家买来，怕杨家人看到，以此作为依据收回土地）。可见他们内心深处是认为，祖先通过合法买卖获得的土地就是他们的私人财产，契据是证明土地所有权的最有力证据。这种想法不是一时形成的，而是一代一代传承下来的。

第二节　区域社会中的民族关系

花溪是一个多民族聚居区，境内分布有汉族、布依族和苗族三个世居民族。区域内各少数民族受汉文化影响深刻，逐步吸收汉族文化，同时深深影响着各民族的传统文化。各民族长期交错杂居，相互密切往来，彼此之间建立了深厚的感情，和谐共处，遇到困难相互帮助。

一、少数民族深受汉文化影响

清初，清政府在贵州境内实行奖励开垦和与民休息的政策。地方社会的稳定和清政府的优惠政策，吸引不少外籍人员进入贵州。清代花溪是省城贵阳南下广顺州、定番州西入安顺府的重要通道。加之境内山清水秀，田土肥沃，自然条件非常优越。不少入黔汉移民定居下来，生根发芽。汉族人口的迁入，为清代花溪地区的开发带来了大量的劳动力，是开发花溪的重要力量。大量汉族人口的迁入，改变了花溪境内各民族的分布格局，各民族聚族而居的分布格局发生改变。大量汉族深入各地，与各少数民族交错杂居在一起。清朝爱必达在《黔南识略》中记载贵阳府"汉苗错处之庄一百七十有奇"①，就是这一现象的反映。大量汉族进入花溪少数民族地区，一方面带来了外地先进的生产技术和管理经验，同时也带来了以儒家学说为核心的汉族文化，深深影响着当地的少数民族。清政府也非常重视少数民族教育。清初，清政府承袭明制，继续推行社学并创办义学。顺治十六年（1659），清政府批准"贵州各属义学取进苗生"，康熙四十四年（1705）"设准嗣后苗人子弟情愿读书者，许赴该管府州县报名送入义学"。到乾隆年间，花溪境内有不少少数民族接受了汉族文化教育。嘉庆年间，贵州境内先后设立义学 685 所，其中贵阳府有义学 68 所，贵筑县办有 12 所，广顺州办有 3 所②。这些义学的设立，为花溪境内少数民族学习汉文化提供了很好的平台。总的来说，由于布依族与汉族接触更为密切，因而相较于苗族而言，受汉文化影响较早，也更为深刻。乾隆时期，爱必达指出省城的布依族"男子俱汉装，近更有读书应试者……于今久被声教，渐习华风，有呼为苗者必动色，反唇以为诟厉。得非争自濯磨，以待上之教化哉"③。道光年间，广顺州境内"读书应试之人，科第文名，甲于各属，是以苗风日易，治化蒸蒸"④。由于深受汉文化影响，花溪境内不少少数民族开始取用汉族姓名。根据花溪高坡乡高寨村雍正九年《碑记》记载，当时"不遵规例"缴税的苗民叫阿烈、阿沙，没有汉姓。但到嘉庆年间，当地不少苗族开始使用汉

---

① [清]爱必达，罗绕典修. 黔南识略：黔南职方记略[M]. 贵州人民出版社，1987：
　25.
② 许庆如. 清代贵州义学的时空分布研究[D]. 重庆：西南大学，2009.
③ [清]爱必达，罗绕典修. 黔南识略：黔南职方记略[M]. 贵州人民出版社，1987：
　28.
④ [清]爱必达，罗绕典修. 黔南识略：黔南职方记略[M]. 贵州人民出版社，1987：
　279.

姓，甚至有汉名了。花溪高坡乡嘉庆十六年（1811）《龙村锁钥》碑落款虽然都是苗语音译的名字，但都全部使用"罗姓"。嘉庆二十二年（1817）的《杉坪断碑》落款处则直接刻有罗起富、罗乎勾、罗朝龙、罗阿幺、罗汪宋等名字。罗起富和罗朝龙是完全的汉名，罗乎勾、罗阿幺和罗汪宋是汉姓苗名。这恰好反映了嘉庆时期是当地苗族由苗名改为使用汉名的过渡时期，是苗族逐步接受汉文化的一个过程。

在汉文化影响下，各少数民族地区越来越多的人开始学习汉文化，并涌现出一批地方文化精英。这些文化精英饱读诗书，通晓大义，在地方享有极高威望。他们利用自己的威望和学识，宣传汉族文化，在地方开展公益事业建设。罗文魁就是嘉庆时期花溪高坡地区苗族的代表。嘉庆十六年（1811），罗文魁组织当地苗族人民修路，改善了当地交通；嘉庆十七年（1812），为了保护当地苗族洞葬地的风水林木，他又组织花溪高坡乡平寨和杉木寨六十七房罗姓苗族立下封山禁碑；还积极宣传汉族文化，创办了当地第一家私塾。"他还代表当地苗族赴贵阳府争取合法权利，以打击土司的残酷统治。"①当地苗族利用碑刻记载这些事迹，本身就有很明显的汉文化痕迹。

二、各民族和谐共处

在历史活动中，清代花溪各民族形成了互相帮助、和谐共处的亲密关系。跳场是苗族正月间所进行的一种活动，有祈祷风调雨顺，五谷丰登的祭祀意义，更是苗族青年男女开展社交的重要形式。贵阳地区，规模较大的花场，有花溪区桐木岭、镇山，乌当区罗吏、石头寨、高寨和都溪等处。与其他地区苗族跳场不同的是，花溪地区的苗族跳场，布依族也参与其中，其乐融融。花溪区三岔河的跳场，关于其来历，"有一段关

---

① 中国人民政治协商会议贵州省贵阳市委员会文史资料研究委员会. 贵阳文史资料选辑：第 13 辑：少数民族资料专辑[M]. 1984：124.

于布依族群众和苗族群众互相帮助，互相支持的佳话"①。当地布依族一个祖先被外人抓去，几个强壮的苗族兄弟设法将其营救出来。为了报答苗族兄弟的救命之恩，布依族祖先想给他们多少报酬都会用完，不如给他们一个众民同乐的花场。于是，布依族祖先与苗族父老商议，议定以后就在三叉河跳场。口述传说不一定真实，但其却是一定历史事实的反映。据推测，这个花场创立的时间大概在雍正初年。可见，花溪境内的苗族和布依族很早就密切联系在一起。考虑到跳场也是一个青年男女交流的重要场所，所以，应该有不少苗族和布依族青年结为连理，从而加深苗族和布依族的感情。当然，汉族与当地少数民族的联系也是很密切的。

在清朝中后期，贵州地方社会不稳定，偷盗现象频发，严重影响地方社会民众的日常生产和生活。为了肃清地方不良行为，许多村寨联合起来，严防偷盗，共同防御外患。花溪石板镇咸丰八年（1858）《十寨乡禁碑》就是当地十个寨子为了维护公共安宁、防范盗贼、禁止毒鱼打鸟、共同商定的乡规碑。从该碑落款的十个寨子名称来看，其中的摆巷、摆笼、茨凹为苗语的音译，当为苗族聚居的村寨。天鹅寨、半边山、龙场坡、小高寨、大高寨等均汉名，可能是苗、汉、布依杂居的村寨。可见，该碑是三个民族人民共同议定的碑刻。该碑要求"邻寨闻声，各守要路"，"一寨有事，各寨同体"，将三个民族村寨紧紧联系在一起。当地三个民族，交错杂居在同一个区域，平时相互往来，言语互通，有着相同的价值观，因而在特殊时期能够迅速联合在一起，相互帮助，共同防盗。笔者在《从花溪湖潮〈泰平洞碑〉看贵州周边营盘修建的几个问题》一文中，通过分析捐款人名的族属成分，指出当地用来保护生命财产的营盘是当地多个民族、多个家族、多个村寨联合修建的②。这即是花溪各民族和谐共处的最好证明。

---

① 中国人民政治协商会议贵州省贵阳市委员会文史资料研究委员会. 贵阳文史资料选辑：第13辑：少数民族资料专辑[M]. 1984：167.

② 赵兴鹏. 从花溪湖潮《泰平洞碑》看贵阳周边营盘修建的几个问题[J]. 北方学院学报，2016，（04）：29-32.

第三节 土司地区税务问题

贵州是西南地区土司分布的重要区域。由于土司地区社会发展较为落后，历代中央王朝为了控制土司地区，一般采取"以夷制夷"策略，不干涉其内部经济发展，收取的赋税也很低，象征性为主。进入清代，随着"改土归流"的进行，清政府加强了对土司地区的控制，开始逐渐征税。虽然不少土司地区划入州县，并开始收取赋税，但当地土民本来就因为生产力不发达，每年所种粮食留存不多，加之土司的压榨剥削，一时难以接受官府的赋税征收，甚至产生抵触，引起土司地区的赋税纠纷。花溪高坡乡高寨村雍正九年（1731）《碑记》即反映了这种土司地区的赋税冲突①。

《碑记》内容是贵州贵阳府贵定县大平伐宋氏长官司发布的告示。碑言："蜡利、高寨额载条银二两，系四股均当。今有阿烈、阿沙等，不遵规例，竟将载册之银粮，任意飞洒。前据阿夫等具诉，前任本县恩主耿、李大老爷台前，悯念无知愚氓，姑不深究。随行清查，仍照四股均当。阿沙、阿烈等本系伍钱，任意飞洒，抗不纳认，私自潜逃，又扬言必欲仇杀，以致该寨苗民畏势潜逃。"阿烈和阿沙是蜡利和高寨的苗族，当是大平伐司土民。大平伐司划入贵定县后，开始征税，引起当地苗族的抵触，才有了阿烈和阿沙的"不遵规例，竟将载册之银粮，任意飞洒"。阿夫当是当地负责税收的粮头，因而上告到贵定知县处。贵定知县"悯念无知愚氓，姑不深究。随行清查，仍照四股均当"。然而阿烈、阿沙等人仍然不遵，"抗不纳认，私自潜逃，又杨言必欲仇杀"。可见，清政府在土司地区征收赋税，不少土民抵抗，造成矛盾纠纷，导致地方社会不稳定。这种情况在清初贵州非常普遍。康熙十二年（1673），贵州巡抚曹申吉奏请"将贵阳、安顺、平越、都匀、镇远、思南、铜仁七府知府经管

---

① 贵阳市志编纂委员会. 贵阳市志：文物志[M]. 贵阳：贵州人民出版社，1993：94.

之地方钱粮",不再由土司催征,而是改为"各归附郭之新贵、普定、平越、都匀、镇远、安化、铜仁七县知县管理;其知府只司督征之责。庶规制画一,永远施行"。然而在实行几年以后,就感到钱粮征收困难很大,觉得还是需要当地土司向土民征收。康熙二十年(1681)十二月,"户部议复贵州巡抚杨雍建奏:贵阳等七府汉、土司钱粮,若归并附近知县管理,恐呼应不灵。请仍令该土司管理,责令知府督催。从之"①。当贵定知县不能很好向当地土民征收赋税时,也就只好让原来的大平伐长官司去向土民征税,因而才有了这通《碑记》。《碑记》载:"本司查得前任县主批据,仍照四股均当,阿烈何得刁抗不纳。悯念无知愚苗,姑不深究。合行出示,仍照旧规尚纳。所有搬迁各户,立即招住坐、佃种田亩,办纳钱粮公务。倘有一户刁抗国赋,不照旧规尚纳,即拿解赴,以凭治罪。慎之毋违。特示。"大平伐长官司是当地世袭的土司,享有很高的威望,这样一则告示当比知县的告示作用要大,效果也更好。在这样的赋税纠纷中,土司的作用体现了出来,还能得以存在,然而也可看出土司已经接受了县官的调遣,职能也被削弱,只有替官府催征钱粮的任务而已。

在清初,清政府开始在土司地区征税遇到困难,官府与土民之间的纠纷需要当地土司来调解。但到清中后期,地方土司利用催征钱粮的职权损公肥私,压榨地方百姓,引起地方土民与土司的赋税纠纷,土司地区的赋税纠纷转变为土民与土司之间的矛盾纠纷。这时地方土民则纷纷请求官府出面制止土司的压榨行为。花溪高坡乡嘉庆二十二年(1817)《杉坪断碑》和花溪高坡乡批林村光绪元年(1875)《永定章呈》碑则很好地反映了青岩班氏土司与当地土民的赋税矛盾纠纷。

《杉坪断碑》缺失内容较多,不能完整识读,但可以了解大意。该碑多次提到"土官"。根据孙俊先生在《土司盘剥苗族人民的物证——高坡杉坪断碑》②一文分析,该土官即为青岩外委土舍班氏。《贵阳府志》记

① 贵州省文史研究馆校勘.贵州通志:前事志:第3册[M].贵阳:贵州人民出版社,1988:121.

② 《土司盘剥苗族人民的物证——高坡杉坪断碑》一文出自中国人民政治协商会议贵州省贵阳市委员会文史资料研究委员会《贵阳文史资料选辑》第13辑《少数民族资料专辑》,1984年,第115-122页。

载:"青岩外委土舍,其先曰班麟贵,扶风人。天启三年以土人从征,四年从解贵阳围,有功,授指挥同知。已而自建青岩城,控制八番十二司,即用为土守备,准世袭。麟贵卒,应忠袭。苗攻上马,以兵援之,战站失利,没焉,弟应寿袭。崇祯四年,应寿平高坡苗,以开花、甲定、蒋呆酬其功。顺治十五年,应寿率十二司归顺,仍授指挥同知职。康熙二十四年降为外委土舍。"①到清中后期,班氏土司虽然降为外委土舍,但在地方仍然有一定实力,负有催征赋税之责。班氏土司利用仅有的权力,借机大肆盘剥土民,引起土民不满。根据《杉坪断碑》记载,班氏"土官,自设奉公办事,借端派虐",分别在嘉庆元年、十年、二十年、二十一年借口造丁册、造十家牌嚼去银两无数,"每年又来派米三斗,自行设计,层剥肤髓"。班氏土司的行为在当地引起土民的不满,请求官府"差提审讯"。清初,贵州土司在地方还有很大的势力,土民不易受约束,清政府利用土司的威望协助官府催征赋税。但到清中后期,土司势力进一步削弱,土司地方经济得到发展,经济基础和上层建筑已经不相符合,具体表现为土司对土民的经济压榨,影响到当地经济的进一步发展。而且,清王朝在经过康乾盛世后,其统治基础已经很牢固,能够对土司实行进一步的控制。可见,在这样一种时代背景下,当青岩地区土民不堪忍受班氏土司的剥削而上告到官府时,官府就顺应时势和民心,对班氏土司加强了控制。《杉坪断碑》规定:"令苗等钱粮公务自行投柜,以绝后害……日后土官不得沾派借端。"同时还对当地土民上缴的额粮和条银作出明确说明,以防止土司贪污。官府的调解,很好地解决了土司和土民之间的赋税纠纷,一来进一步削弱了土司势力,二来减轻土民负担,获得土民的支持,保证正常赋税征收,三来是增加国库收入。土司不会轻易放弃自己的权力,在土司即将退出历史舞台的潮流中,仍想做最后挣扎。光绪初年,班氏土司又借机压榨土民。据《永定章程》碑记载,"青岩批摆等处因纳条银,由各户交纳",班氏土司负责押运。但光绪元年(1875),老班氏土司病故,尚未承袭的班氏家人就前去催征条银,且暗中浮收。当地"苗民王老幺、罗友林"上诉至官府。官府抓住机会,进一步削弱班氏势力,

---

① 周作楫,等.(道光)贵阳府志卷八十七[M].成都:巴蜀书社,2006:22.

一是进一步明确征收条银的具体数额，二是规定以后各户直接"赴府完纳"相关赋税，跳过班氏土司这个环节。官府顺应时代潮流，在调解土司与土民的赋税纠纷中，悄无声息地分解了当地土司。

小　结

清代花溪境内分布有多个少数民族，其中部分地区还处于土司管理之下。传统史料对于少数民族以及土司的活动记载较少。利用花溪清代碑刻资料，我们可以从中窥探他们的部分活动内容，如少数民族对土地的管理、民族之间的关系以及土司税务问题等。少数民族对土地的管理，苗族和布依族有着不同的表现。布依族与汉族居住较为接近，受影响也较大，对于土地的管理，他们在清初就开始利用契约来管理，产权较为明确。花溪境内的苗族，特别是高坡地区苗族并不像布依族一样对土地有着明确的产权归属，而是依靠族人对祖先的崇拜心理来约束族人。清代花溪离省城贵阳较近，受其影响，境内少数民族受汉文化影响深远。在长期的历史进程中，花溪境内各民族和谐共处，共同开发和建设了花溪。清代，在改土归流的大背景下，贵州境内一些大的土司逐渐退出历史舞台，但一些小土司还仍然存在，不过对中央王朝已经不再构成威胁，只是单纯沦为管理地方治安或者负责税收的小土官。清代花溪境内还分布有大平伐长官司和青岩外委土舍等小土司，这些土司在地方税收中发挥了重要作用，如大平伐长官司出面安抚土民按时纳税，也有一些土司则利用职权牟利，造成税务纠纷，如青岩外委土舍。土司由该土归流到最终退出历史舞台，是一个长期而复杂的历史过程，在这个过程中会产生或这或那的问题，其中缴纳赋税就是一个很明显的问题。花溪清代碑刻记载了这方面的内容，为我们研究改土归流的后续问题提供了宝贵的史料。

结语

从花溪清代碑刻窥探地方社会运行过程

花溪清代碑刻数量多，内容丰富，是研究当时当地基层社会历史最为重要的史料之一。考察花溪清代碑刻产生的全过程，我们发现，碑刻记载的内容、碑刻在传承过程中所附加的象征意义以及碑刻本身，都是地方社会群体活动的产物。由此，我们又可以通过碑刻，进一步窥探地方社会活动主体的主观诉求与行为活动，从而揭示地方社会运行的基本过程。

第一节　碑刻：群体活动的产物

一、碑刻内容是群体交涉的结果

花溪清代碑刻，按内容来划分，可以分为规约碑、告示碑以及公益事业活动碑三大类。这三大类碑刻，我们还可以细分，内容非常丰富。规约碑主要涉及各村寨社会治安条例，规约内容多是禁止地方偷盗乱砍等不良行为以及相应的处罚方式。告示碑多是地方社会经济纠纷的判决文书，内容涉及田产和赋税，也有关于地方治安管理的部分。公益事业活动碑与地方公益事业活动有关，如建桥修路、开挖水井、修建寺庙等。

这些碑刻所记载的内容，牵涉到地方群体的利益，因此受到多方关注。而碑刻最终所要镌刻的文字内容，则是群体交涉后的结果。如乡规民约碑所针对的偷盗乱砍等不良行为，已经侵犯了地方村民的利益。为了保障村民的利益，整顿民风，村民聚会公议，商定相关禁规条约。如花溪湖潮乡元方村乾隆四十年（1775）《永垂万古》碑和花溪石板镇咸丰八年（1858）《禁碑告白》碑都是在集体讨论之后定下来的。与官府告示碑相关的则是各种经济纠纷，这种经济纠纷本身就是群体利益冲突所造成的。经济纠纷的双方为了各自的利益，互相博弈，最终对簿公堂。官府根据案情，做出最终的判决。胜诉的一方，为了巩固自己的利益，往往将判决文书镌刻于石碑之上，以垂永久。如花溪青岩镇谷通村道光十三年（1833）《高峰寺庙田纠纷遵照碑》就是当地人在控告地棍侵占庙田案胜诉后，根据官府判决文书所镌刻而成。宗族碑涉及宗族集体事务，如修建家族祠堂，保护祭田和坟山等。每一项事务都需要宗族全体参与。修建宗族祠堂、开展祭祀需要族众人等共同出力，在宗族族产遭到破坏时，则要集合全族之力以捍卫。如花溪燕楼乡谷蒙村尹氏道光二十二年（1842）《百世不易》碑记载，因为多次修建祠堂，导致"春秋祭祀之用"不足，因而"族中公议各出银两，以为屡年春秋祭祀之用"。根据碑文记载，有 41 人响应族人倡议，出资以助宗族之用。公益事业活动碑所涉及的地方公益事业，与地方村民日常生产和生活息息相关，他们也多乐于参与到地方公益事业的建设当中去。常见的参与方式是出资，这也是最为有效的方式，但也有出力或者出物的。出资人有地方的富户贵人，也有平常百姓人家。根据花溪黔陶乡骑龙村乾隆四十三年（1778）《龙山小桥碑序》记载，参与修建龙山小桥的出资人就至少有 33 人。为了纪念这些人的功德，便将他们的名字镌刻于石碑。

二、受众赋予碑刻深层象征意义

由上所述，碑刻内容是群体交涉的结果。在碑刻产生之后，必然还要回到群体中去，让更多的人知晓碑刻内容，进而认可碑刻内容。为了让更多的人知晓碑刻内容，同时使得碑刻所传递的信息效果更强烈，碑刻往往被树立在特定的场所。如花溪马铃乡凯坝村道光二十年（1840）《告示》碑所在地就是当地赶场之地。这里人员往来众多，是信息传播的重要集散地。《告示》碑立在这里，可以让更多人知晓官府文告内容，并为大家所接受认可。有的立在寺庙或者家族祠堂内，一来可以保护石碑受风雨侵蚀，二来是借助寺庙、祠堂的神圣色彩，让受众更为虔诚接受碑刻内容。如花溪湖潮乡元方村道光五年（1825）《奉宪示》碑立于该村无量寺内；花溪石板镇花街村罗氏祠堂《训后议》碑位于当地罗氏高山祠堂内。还有的立碑者在碑刻塑造方面大做文章，以其增强碑刻的审美信息，更好达到立碑的效果。如花溪党武乡掌克村张氏嘉庆八年（1803）《承先启后》碑高 220 厘米，宽 80.5 厘米，厚 15 厘米。如此高大的碑刻，在当地极为少见。高大雄伟的碑刻，给碑刻内容奠定了宏伟的基调，更映衬出张氏家族的兴盛。受众在见到该碑时，不看碑文内容，就已经感受到张氏家族的强盛繁荣。

立碑者"别有用心"对碑刻进行雕刻，将其树立在特定场所，以期为更多人所知晓，甚至接受、认可碑刻内容。当然，碑刻在产生之初，就是为大部分人所接受、认可的，不然也不可能出现在公众视野之中。碑文内容一代又一代流传下来，被当地人熟读。功德业绩演变成了家喻户晓的故事，乡规民约内化为当地人的行为准则。在地方民众的见证下，碑刻内容如石头一般，没有变化。但时间的痕迹一层又一层地积累在石碑之上，进而赋予了碑刻某种更深层次的象征意义。这种象征意义在某种程度上超越了碑刻内容本身。这时的碑刻不再如当初，已经成了地方社会非常重要的一部分。它可以是地方社会历史的一种见证，也可以是地方淳朴民风由来的依据，甚至可以说是地方秩序所依赖的一种权威。我们在花溪地区调查水井用水规约碑时，许多当地人已经不能知晓碑刻的全部内容，但只要看到水井碑刻，就知道要遵守用水规矩，不浪费、不污染水井。可见碑刻的内容已经内化为当地人的行为准则，其象征意义也可见一斑。

三、建造碑刻本身依靠群体力量

碑刻是实物，其建造本身就凝聚着群体的力量。花溪清代碑刻材质以青石和白棉石为主，少部分是砂石。这些石材一般就地取材。石匠需要在合适地段开采石材，并凿成石碑形状。有些地区不产青石或者白棉石，因而还需要到外地去购买和运输。如花溪陈亮村当地多紫砂石，不是碑刻的最佳石材，因而当地白棉石碑多从外地采购。碑正面要打磨光滑，以便书丹和镌刻。刻碑时，要先请当地有名望的乡绅撰写碑文。然后再书丹，即请书法功底好的人将碑文直接书写在石碑正面。最后，由石匠阴刻而成。如花溪石板镇花街村康熙三十九年（1700）《建修应子桥碑记》是由刘子章撰写碑文、周起渭书丹。刘子章和周起渭都是清初贵筑县境内的名人。碑刻镌刻完成后，立碑人还需要选择一个良辰吉日，举行简单的仪式，然后在众人的注视下将碑刻竖立起来。在仪式过程中，有乡绅的组织，更有地方民众的集体参与。总的来看，从最初碑刻石材的开凿打磨，到碑刻文字的书写镌刻，最后在仪式中竖立起石碑，整个过程都凝聚了群体的力量。在群体力量的作用下，完整的碑刻被塑造出来，并赋予其深厚的人文气息。

第二节　地方社会运行过程："理想状态"与"非理想状态"的交替

碑刻主要是群体活动的产物。透过碑刻，我们可以清晰看到当时当地社会活动主体的行为与活动。花溪清代碑刻数量多，内容丰富，所反映的历史活动也是精彩无比。在这些丰富精彩的历史现象之下，当时当地的社会是如何运行的呢？拨开纷繁复杂的历史面纱，我们可以看到，地方社会是在"理想状态"与"非理想状态"的交替运行过程中。碑刻在这个交替过程中也扮演了非常重要的角色。当然，我们需要注意的是，这种"理想状态"是在特定时代背景下，基于中国传统社会儒家政治伦理而建立的。

一、地方社会运行的"理想状态"

地方社会运行的"理想状态"应该是一个平稳的状态，官不扰民，百姓安居乐业，邻里关系融洽，日常生产生活正常开展。这样一种社会运行状态，绝不是自然形成的，而是在多方社会活动主体的互动下建立的。

官府是传统帝制国家管理地方的行政机构，也是重要的地方社会活动主体。官府的主要职责是稳定地方社会秩序，编户齐民，按时征税，保障国库收入。清政府在地方社会实行里甲制度，使得社会基层人员全部编排在封建统治之下。里甲制度下的人员在自己的特定空间里活动。自行其道，并行不悖。除此之外，清政府还在地方推行乡约制度。创建于北宋时期的"乡约"是乡村社会中以社会教化为主要目的的一种民间基层组织形式，在经过明代的发展之后，已经推行到全国各地。进入清朝，清政府为加强对民众的思想笼络和控制，准备在基层社会恢复明代的乡约制度。"顺治十六年（1659），正式宣布设立乡约，责成乡约人等，每月朔望日聚集公所，宣讲清世祖的'圣训六谕'。康熙九年（1670），又颁布'圣谕十六条'，要求各省府州县乡村人等切实遵行。"①根据花溪区桐木岭村道光十四年《县正堂示》碑记载，当地已经推行了乡约制度。地方官府通过乡约，向乡民宣扬儒家思想，进行教化，加强思想控制。官府通过里甲制度和乡约制度，实现了对地方社会的直接管理。但这只是初步管理，并不牢固，还需进行间接管理。间接管理的方式有很多，如利用宗族管理地方民众。为了能够让宗族在管理地方上发挥更大的作用，官府往往支持宗族建设。如花溪党武乡当阳村黄氏家族在嘉庆二十三年（1818）建修祠堂时，得到广顺知州的支持，"蒙恩准赐诰授奉直大夫贵阳府广顺州正堂加五级记录十次，印一封。不意王主恩上加恩，复亲题扁对文字'永垂万世'"。花溪党武乡张氏家族先辈张彦辞官归乡，建造了张氏祠堂。当时广顺州知州张澍亲自撰写祠堂碑记，官修《广顺州志》亦记载张彦该事迹②。官府对地方家族的支持，由此可见。知州的支持，必然使得家族感到无上光荣，有利于家族的团结和壮大。一个家族管理地方众多族人，只要家族是稳定的，地方社会也就是稳定的。

宗族亦是地方社会活动的重要主体。在清中后期，花溪地区分布有众多宗族，如青岩的赵氏、燕楼的尹氏、石板的罗氏等。他们以血缘关系

---

① 董建辉. "乡约"不等于"乡规民约"[J]. 厦门大学学报（哲学社会科学版），2006，（02）：51-58.

② [清]金台，等.（道光）广顺州志·人物志[M]. 成都：巴蜀书社，2006：432.

为纽带，聚族而居。宗族秉承儒家道德伦理，推行宗法制度，以此控制族众，敦宗睦族，最终实现家族的繁荣壮大。这些家族大多修建有宗族祠堂，以此开展祭祖活动，联络族众；按时修撰家谱，明确宗支；置办族产，以周济族内弱势族人；延师教学，鼓励参加科举。一个宗族，就是一个小社会群体。这个群体在宗族权力架构下，以儒家伦理道德为行为准则，讲究长幼尊卑，相安无恙。宗族族长在族内享有至高威望，有权处理族内任何事项，小到如调解夫妻矛盾，大到如为捍卫家族财产而上诉官府等。如有族人违背儒家伦理道德，不遵守族规，族长可以依据族规对其施以处罚，以肃族规。宗族的自我建设与管理，实际上也就是对地方社会的一种管理。从这个角度而言，地方宗族补充了官府对地方管理之不足。这种补充不仅体现在宗族组织的自我建设与管理，还体现在宗族组织参与地方建设。一些很有经济实力的宗族，为了显示家族强盛，也是作为地方大族的责任，常常集合全族之力，在村寨架桥修路，或者组织建设寺庙道观。这些善行，为宗族积淀了功德和地方村民的认可。

地方社会运行中，还有一个不可忽视的活动主体——乡绅。乡绅利用其自身的影响力，在地方社会中发挥着不可替代的作用。这种作用体现在两个方面，一是承担地方公共事务，二是为维护地方社会利益而与官府展开博弈。"绅士视自己家乡的福社增进和利益保护为己任他们承担诸多公益活动，排解纠纷，兴修公共工程，有时还有组织团练和征税等许多事务……总之，绅士在其本地区发挥了十分积极的作用。"① 乡绅来自富家大族，熟读经史，是地方社会的精英阶层。但是乡绅具有强烈的地方特性，"生于斯，长于斯"，对地方有着浓浓之情。为了发展家乡，主动承担起许多地方公共事务。花溪青岩镇思潜村康熙五十七年（1718）《建修宫詹桥碑记》记载，乡绅周起渭在弥留之际，心系桑梓，嘱托族人修建了"宫詹桥"，造福地方乡民。花溪孟关乡石龙村光绪二十九年（1903）《永垂不朽》碑记载，当地乡绅陈廷彦见家乡的玉皇阁坍塌损毁，因而主动倡议修建，供给伙食，最终修复一新。乡绅利用自身的影响力，躬身

---

① 张仲礼. 中国绅士——关于其在 19 世纪中国社会中作用的研究[M]. 李荣昌，
译. 上海：上海社会科学院出版社，1991：54.

力行，主动承担地方公共事务，推动了地方建设，然也为其赢得了威望。随着时间的推移，这成了乡绅的一种义务，一种惯习。然而，由于乡民力量的弱小，加之地方事务管理成本高，乡民也期望乡绅能够主动承担地方事务，甚至产生依赖。如果地方社会公益事业出现了问题，乡绅不能及时出面承担义务，就会引起乡民的不满，甚至遭到别的乡绅的责难。在乡绅的领导下，地方社会事务得到很好的管理，乡民的日常生产生活秩序稳定。乡绅在地方社会的第二个方面的作用，实则是在地方社会运行的"非理想状态"下所表现出来的。为了论述的方便，我们在下一部分中再展开讨论。

二、地方社会运行在"理想状态"与"非理想状态" 之间交替

在上一部分，我们论述了清代地方社会运行的三大活动主体：官府、宗族和乡绅。地方社会在三大活动主体的支配下，正常运转。正常运转是一种"理想状态"的社会运行。但在具体的社会运行中，这种"理想状态"会被打破，呈现"非理想状态"。到清中后期，贵州人口达到饱和，土地矛盾日益突出，人地关系呈现一种紧张的状态。随之而来的是土地纠纷。不少村寨风水林遭到人为砍伐，影响到地方社会的风气；许多宗族的坟山被外姓破坏，宗族势力受到影响。这些冲突在开始之初，地方社会尽量尝试依靠自身的力量去化解，从而使得地方社会回到"理想状态"。也许最初的尝试是有效的，但最终仍然无法自我调解以至不得不对簿公堂。官府凭借强大的政治力量，平息纠纷，地方社会再次回到一种"理想状态"。不过，经过官府判决而达到的"理想状态"比之前的"理想状态"更高一个层次。更高层次的"理想状态"更经得起冲击。这类似人体的免疫系统，每遭受一次病毒的侵袭，其抵抗力也就变得更强。

人口的饱和带来了深刻的社会危机。地方社会教化不开，世风日下。一些青壮年游手好闲，不务正业，专事偷鸡摸狗之事。负有地方教化之责的地方乡绅，依靠自身的影响力，组织村民，设立规约条例，以此来

重整民风。为了使得规约得到很好的贯彻，乡民还制定了相应的奖罚条例，甚至借助官府的权威推行规约条例。这样的例子，在前文我们已经介绍。乡绅组织乡民制定规约，以此约束乡民不良行为，遏制了世风下落的势头，同时使得乡民行为得到更好的约束，地方社会也借此进入了一个更好的"理想状态"。不过我们需要注意的是，这个更好的"理想状态"也不是一次到位的。因为地方规约需要不断地完善，不断地补充。而每一次的完善和补充都是针对不同的"非理想状态"。

如果说偷盗、乱伐等不良行为对地方社会利益造成破坏的因素是来自地方的、下层的，那么因为过度征税而侵犯地方社会利益的因素则是来自官府的、上层的。清中后期，清王朝从中央到地方，吏治日益腐败。贵州地处西南边陲，中央统治鞭长莫及，官场之腐败尤其严重。官府的腐败给了地方负责税收的胥吏以中饱私囊的机会。道光初年，贵筑县书役宋连升借科场之名滥派财物，加重地方社会乡民的负担，怨声载道。该行为已经严重侵犯地方社会利益，打破了地方运转的"理想状态"而进入一个"非理想状态"。该弊端的出现绝不是因为宋连升一人而造成，其背后必然有一个腐败利益集团。地方社会利益的捍卫者乡绅积极利用自己的特权和影响力，奔走于贵州布政使和按察使的衙署，最终免去该项赋税，保护了地方乡民利益。这个过程是一个艰难的过程，地方的乡绅需要联合起来，充分利用自己的政治资源和地方威望与官府展开博弈。胜利的成果最终转化为碑刻，通过碑刻又进一步巩固这个成果。地方乡民也会积极保护碑刻，以便防止该类事情再次出现。乡绅与官府的博弈使得地方社会再次回到了一个"理想状态"，在这个"理想状态"里，书役借科场之名压榨地方乡民的行为不会再发生。这就是乡绅在地方社会的第二个作用。乡绅在地方社会的两个作用是相互影响的。乡绅的第一个作用维护了地方利益，赢得乡民的拥戴和地方社会威望。这奠定其在地方社会的领导地位。而当地方社会利益遭受到来自官府的侵犯时，乡绅则责无旁贷，积极与官府展开博弈，为地方赢得利益。乡绅与官府的博弈胜利后，这无疑提高了乡绅在地方的威望和影响力。当乡绅回到地方社会，将会有更大的号召力开展地方社会建设。

第三节　花溪区域社会发展的阶段性特征

地方社会在运行过程中，在不同的历史时期，由于受各种因素的影响，呈现出阶段性特征。地方社会运行的活动主体，根据不同社会发展阶段的具体情况而做出不同的反应，以便适应社会发展的需要。

一、清初：恢复建设期

清顺治十六年（1659），清政府正式任命赵廷臣总督云贵，卞三元为贵州巡抚。此时，贵州才真正处在清王朝的统治之下。明末清初接连数次大规模战乱，给贵州地方社会生产造成了严重破坏，地瘠民贫的贵州更加残破不堪。人口锐减，土地荒芜，社会经济衰败。清王朝为巩固其统治，从进入贵州开始就采取了一系列奖励开垦、与民休息的措施，力图使社会经济得到恢复和发展。顺治为奖励垦荒，谕内三院："凡各处逃亡民人，不论原籍别籍，必广加招徕，编入保甲，俾之安居乐业。察本地方无主荒田，州县官给以印信执照，开垦耕种，永准为业。"①清统治者在奖励开垦的同时，还实行赈济饥民和抚辑流亡、减轻徭役和禁止私派、救济灾荒和减免钱粮的"与民休息"政策。②在当时整个清政府政策背景下，贵州地方官府积极认真贯彻，采取较为积极的政策而恢复地方社会。地方官府对于迁入花溪境内的外来人员，积极安置，组织生产，以便开垦荒田，恢复经济。清政府为了经略贵州，稳定其在西南地区的统治，对土司土民采取"抚绥"政策。对于"归顺"的土司，经贵州督

---

① 《清世祖实录》卷四十三。
② 何仁仲.贵州通史：第 3 卷[M].北京：当代中国出版社，2003：31-34.

抚按等官奏请，清政府一律准袭前职，并颁发新的印信号纸。在管理土民方面，采取"以土司治土人"的政策，严禁官员侵扰苗民。在当时，花溪境内还保留有不少土司，地方官府并不直接控制土司地区，而是积极利用土司管理地方。花溪高坡乡高寨雍正九年《碑记》记载，贵定县在当地催征钱粮赋税，当地土民"阿烈、阿沙等，不遵规例，竟将载册之银粮，任意飞洒"。贵定知县本着抚绥土民的原则，没有严厉追究。为了更好完成赋税工作，贵定知县安排当地土司大平伐长官司宋氏前去催征，体现了清政府"以土司治土民"的政策。

地方官府积极采取各项措施开发地方社会，鼓励开垦，恢复社会经济活力。地方乡绅在社会开发的浪潮中，也积极利用自身影响，为地方公益事业的建设献力献策。清初，花溪境内修建了不少桥梁，改善了当地交通，便利当地人的出行。花溪孟关乡付官村有一座三星桥，根据桥头《南无阿弥佗佛》记载，该桥建于康熙二十年（1681）至康熙二十七年（1688）之间。[①]该桥即在当时贵州都使司、贵州前卫与地方乡绅富户联合捐资修建。其中通过捐资参与三星桥修建的付应贵，在康熙三十九年（1700）还独立出资在花溪三岔河建造了雄伟的应子桥。该桥落成之际，付应贵的善举得到当地人称赞。时任监察御史刘子章亲自撰写、翰林院检讨周起渭书丹《应子桥碑记》，高度赞扬了付的行为。贵筑乡绅周起渭在老年困顿之际，心系家乡，嘱托家人在今花溪青岩镇思潜村修筑了一座大石拱桥，大大便利了当地人出行。该桥竣工之时，贵州历史上唯一的一个武状元曹维城亲自撰写了《建修宫詹桥碑记》，肯定了周起渭的功劳，并以周起渭的官名将该桥命名为"宫詹桥"。地方乡绅利用自身力量，积极推动地方公益事业的建设，为当地人的生产和生活提供了便利，有利于地方社会的恢复与发展。

---

① 该碑正面长有一棵大树，导致碑文内容不能完整识读。该碑落款处有"康熙二十"字样。又因为碑中落款部分有"贵州前卫"等字样。因清朝在康熙年间进行"裁卫并县"，贵州前卫在康熙二十七年裁去。故推测该碑立碑时间在康熙二十年至康熙二十七年之间。

二、清中后期：社会问题日益突出

经过清初清王朝一系列措施的推行，贵州地方社会得到很好的恢复和发展。全省人口稳定增长，耕地面积不断扩大，工商业经济逐步发展起来。到清中后期，在贵州地方经济得到恢复和发展的同时，一系列社会问题日益突出，引起地方社会人际关系紧张。在这样的氛围下，社会活动主体不断调整自己的行为，以适应社会的变化。

（一）土地纠纷频繁

在清初清政府的鼓励政策下，贵州地方社会得到恢复和发展，大量人口迁入贵州。自康熙朝中期开始，贵州人口逐步上升。至道光后，出现了人口发展的高峰。人口增长的同时，贵州的大片荒地得到开垦，耕地面积得到扩大。然而，此时的人口增长与耕地面积的增长是不成比例的。"从乾隆三十一年到嘉庆十七年五十多年中，贵州人口由 340 万增加到 520 余万，净增了 180 万，而耕地仅从 267 余万亩增加到 276 万余亩，仅增加不到十万亩，这种增加远不能满足人口增长的要求。"①这导致贵州人均耕地面积下降。与此同时，贵州土地兼并日益严重。清王朝采取一些措施，鼓励贵州各族人民开垦荒田，出现了大量的自耕农。各族自耕农的田地，通过买卖、典当、欺骗等手段，不断集中在少数地主之手。人口的增长加之土地兼并严重，导致越来越多的人变成无地游民。土地纠纷随之而来。花溪党武乡当阳村道光二十四年（1844）《永同日月》碑记载，当地后山有一大片竹木茂盛的风水林。"乾隆年间，奸徒二次砍伐，纵火焚山，估众开挖以为私业。"可见，无地或者少地的各族人民已经开始铤而走险，强行开垦别寨山林。

经过清初的发展，到清中后期，花溪境内已经出现不少有一定势力的宗族。如花溪党武乡当阳村的黄氏、花溪燕楼乡谷蒙村的尹氏、刘氏和沈氏等宗族。这些宗族为了进一步巩固宗族势力，相续建立宗族祠堂，

---

① 王敏. 清代贵州移民绪论[D]. 哈尔滨：哈尔滨师范大学，2009.

开展祭祀活动。在宗族集体内，他们修撰家谱，制定有自己的族规家训，以约束和激励族人；置办了宗族集体的田产，以保障祠堂的维修和宗族春秋二祭正常开展；宗族田产里，还有相当一部分用来周济族内贫困人员。清中后期，是花溪地方宗族的一个繁荣时期。但其繁荣掩盖不了这一时期当地紧张的土地关系。不少宗族田产遭到外姓的破坏，甚至是本族内部的破坏。花溪石板镇花街村罗氏家族咸丰九年（1859）《为善最乐》碑记载，罗氏家族有一片万历年间购买的坟山，从乾隆六年（1741）开始，该片坟山多次遭到外姓破坏，"有伤地脉"。花溪党武乡茅草村的李氏宗族族产在道光年间就遭到了本族人的盗卖。无论是地方宗族，还是村寨，当他们的集体田产遭到破坏时，一般希望自己能够自行处理。但纠纷冲突大而自己又不能完全制止时，他们才上诉到官府。

在封建地主土地所有制下，土地兼并所引起的一系列社会问题得不到根本的解决。随着时间的推移，特别是到道光年间，这些社会问题越演越烈，土地纠纷案件层出不穷。这一时期，地方官府常常以行政命令的方式参与到地方社会管理之中。清初，地方官府采取一系列措施鼓励开垦耕地，发展经济。到清中后期，地方官府为了稳定地方社会秩序，以行政命令的方式去调解土地纠纷。如花溪青岩镇谷通村道光十三年（1833）《高峰寺庙田纠纷遵照碑》、花溪党武乡茅草村两通道光二十七年（1847）《奉府示谕》碑就是在官府调解土地纠纷告示的基础上镌刻的。

（二）地方社会秩序失衡

人口的快速增长给地方社会带来了很大的压力。人们为了争取有限的生产生活资源而争相闹事，导致地方人际关系紧张。花溪党武乡旧场"原有井一口，多为二石所阻，而井泉所流甚微"。但因用水人多，"以致汲水者多闹事"。人口的增长，不利于地方社会教化的开展，一部分人不讲究人伦礼仪，引起地方社会礼仪秩序的失范。而人多地少的局面，使得地方社会出现了一些剩余劳动力，也还有一些无地的游民。这部分无业人员，迫于生计，开始干偷鸡摸狗之事。他们或者入室盗窃，或者偷盗牛马。花溪湖潮乡元方村《永垂万古》碑记载当地"竟有一干无知棍徒，日间山上盗窃牛马猪只，夜间挖强割壁，寅夜偷盗田中米谷荞麦豆粮，以及园饰瓜菜……是庸首疾心"。偷盗现象的出现，破坏了地方的安宁。

面对这一系列的社会问题，地方乡绅活动重心由组织乡民开展地方公益事业建设，转而为维护地方社会秩序而努力。地方乡绅依靠自身的影响力，通过制定一系列规约条例，希图以规约约束人们的行为，同时把乡民组织起来，依靠乡民的集体力量开展缉捕防盗工作；积极组织村民开凿新的泉井，以保障地方社会乡民用水的基本供给，制定用水条约，节约用水，保护井水卫生；采取一系列措施，保障村寨的集体风水林木。嘉庆年间，花溪高坡罗氏苗族就在乡绅罗文魁的组织带领下树立了保护宗族洞葬地的《龙村锁钥》碑。而对于一些地方力量不能自行处理的治安问题，地方往往请求官府以行政权威来解决。如贵筑县知县分别在道光十四年（1834）和道光十六年（1836）两次树立《县正堂示》碑，企图以官府布告的方式来治理地方不法流民侵扰地方社会治安的问题。

面对越来越严峻的地方社会治安问题，特别是贵州咸同各族人民大起义爆发后，清政府开始在地方推行团练，以组织地方武装力量来维护地方治安。由于团练一般是地方自筹资金组办，因此团首一般由身家比较富庶、在地方比较有威望的乡绅担任。为了推进团练在地方的正常建设，官府甚至派遣官兵协同办理团练。可见，地方团练是地方官府与乡绅合作的产物。当时，花溪地方社会中已经创办有不少团练，并在地方治安中发挥了重要作用。不少团练推动地方制定了相应的乡规民约碑，如花溪石板镇咸丰八年（1858）《十寨乡禁碑》、花溪石板镇盖冗村咸丰八年（1858）《禁碑告白碑》。这些乡规民约碑即是地方乡民活动的行为规范准则，也是这些团练打击偷盗等不良行为的依据，是维持地方社会治安的重要力量。

（三）地方吏治腐败

清中后期，清王朝从中央到地方，吏治日趋败坏。贵州地处西南边陲，鞭长莫及，官场腐败尤其严重。贵州"官员把精力放在搜刮上，大至征收钱粮，审理刑名案件，小至文移收发，只要办事都要从中贪污受贿"[1]。地方各级官员还利用衙门的劣幕、奸胥来压榨剥削百姓。这些胥吏仰仗官府权威，为虎作伥，为非作歹。他们巧立名目，假借各种机会盘剥百姓。如道光初年贵筑书役宋连升借科场之名滥派财物，中饱私囊；道光二十年（1840）广顺州户书马云章在催征赋税过程中"从中抑勒，格外苛征"。官场的贪污腐败，损害的是地方乡民的利益。乡绅作为地方利益的代表，则是积极利用自己的地位和影响力，与地方官府展开博弈，把地方利益损失减到最小。上述两个胥吏盘剥压榨地方乡民的案件，最终在地方乡绅的努力下，得到暂时的解决。地方乡民把案件的判决结果镌刻在石碑上，以防止该类事件再次发生。碑刻也成为地方乡民与官府博弈的一种工具。

贵州土司在雍正年间大规模改土归流以后，基本被废除，少部分保留下来，没有什么实权，但往往还保留有催征赋税的职责。清初，贵州地方土司尚能秉公办理。但到清中后期，整个官场充斥着腐败的气息。这些土司利用催征赋税的职能，也是极尽所能搜刮百姓。青岩的班氏土司，先是霸占了地方民众出资修建的朝阳寺，后又"自设奉办公事，借端派虐"，欺压当地百姓。从清中后期开始，青岩地方出现了一批有学识的乡绅群体，他们一起反抗班氏土司的压迫。如青岩的赵氏，就积极与班氏土司进行博弈，最终在道光四年（1804）收回朝阳寺。高坡苗族罗文魁则积极将当地苗族所承受的盘剥上诉到官府，争取官府的支持，最终获得胜诉。

三、清末期：重建期

清晚期，特别是在咸同年间贵州各族人民大起义之后，贵州各地进入一个重建期。这次大起义规模大，持续时间长，波及范围广，给贵州各地带来了深远影响。在长达20余年的咸同战乱中，人口锐减，土地荒芜，生产凋敝，贵州农村经济遭到严重破坏。因此，贵州在咸同大起义之后，

---

[1] 何仁仲. 贵州通史：第 3 卷[M]. 北京：当代中国出版社，2003：314.

采取了一系列政策恢复地方社会正常运行。

（1）整顿吏治。

大起义前夕，清政府的吏治日趋败坏。吏治的败坏，是促成这次起义的主要原因之一。同治十二年（1873），起义即将结束时，清政府谕令贵州巡抚曾璧光，认真整饬吏治，以缓和人民的不满。光绪五年（1879）岑毓英任贵州巡抚，继续对吏治进行整顿，对一些贪黩庸劣者分别给以革黜。光绪九、十两年（1883、1884），办理了四件省内最大的奏劾案，涉及贵州巡抚。可见当时贵州省内开展了严肃的吏治整顿，一定程度上有利于官场腐败之风的肃清。在吏治整顿的高压政策下，贵州地方官盘剥人民的行为有所收敛。地方官积极贯彻中央政策，努力推动地方社会经济的恢复。在这一时期，我们没有发现记载有官府压榨百姓的相关碑刻文献，可见这一时期的官民关系相对清中后期而言要和谐得多。

（2）恢复生产。

贵州在咸同起义之后，采取了一系列招抚流亡，鼓励垦荒禁苛索，宽粮赋的善后政策，以缓解阶级矛盾，减轻农民负担，推动社会生产的恢复。这次起义过程中，不少地主遭到毁灭性打击，使得不少土地成为无主之地。清政府采取措施，鼓励人们开垦荒地。这场大起义导致贵州人口的锐减，大量劳动力的流失，一定程度上不利于地方社会生产的恢复，但清中期以来人多地少的情况得到了缓解，土地矛盾和纠纷相对较少。笔者所见花溪清代碑刻中，也没有记载这一时期土地纠纷的碑刻资料。由此推知，这一时期的人们都在努力开垦属于自己的荒地。

光绪初年，清政府在贵州采取整顿吏治、恢复生产等一系列政策，加之各族人民的辛勤劳动，使得被战争破坏的贵州农业生产从光绪中叶以后开始出现复苏的景象。大起义期间，地方社会遭到严重破坏，不少宗族祠堂和寺庙等房屋建筑遭到损毁。随着光绪初年社会的恢复发展，地方乡民开始积累有一定的财富，因而开始要求重建战乱中被破坏的建筑。如花溪孟关乡石龙村光绪二十九年（1903）《重修玉皇阁碑记》记载，玉皇阁"因同治初年经兵燹毁于火，数十年来屡欲修复"而不成功。最终，在地方乡绅陈廷彦的办理下，从光绪二十五年（1899）开始，历时四年修建完成。花溪燕楼乡谷蒙村章氏祠堂宣统三年（1911）《永垂不朽》碑曰，章氏祠堂"因咸同年间遭贼扰毁灭尽无存，兹特约集族人营立宫室，重修神主，以安先灵"。这一时期，地方乡绅和宗族积极组织重建被破坏或者倾塌的建筑。

长达 20 余年的大起义不仅破坏了地方社会生产，更是冲击了地方行为规范。随着地方社会秩序的恢复，一些偷盗乱伐等社会问题开始呈现出来。不少村寨在乡绅的组织下，设立乡规民约碑，以约束人们的行为。我们就发现不少这一时期的规约碑。如花溪黔陶乡骑龙村光绪十三年（1887）《有言奉告骑龙寨公议乡规碑》、花溪湖潮乡新民村光绪十三年（1887）《永垂不朽》、花溪老关口寨光绪二十四年（1898）《永垂不朽》碑。有意思的是，这些规约碑都着重强调禁止砍伐树木。这也许与光绪初年社会恢复发展后，地方各族人民积极重建房屋等建筑，需要大量木材有关。

参考文献

一、史料类

[1] [清]鄂尔泰，等.（乾隆）贵州通志[M]. 成都：巴蜀书社，2006.

[2] [清]周作楫，等.（道光）贵阳府志[M]. 成都：巴蜀书社，2006.

[3] [清]金台，等. （道光）广顺州志[M]. 成都：巴蜀书社，2006.

[4] [清]佚名.（宣统）贵州地理志[M]. 成都：巴蜀书社，2006.

[5] 刘显世，谷正伦，修，任可澄，杨恩，纂. 贵州通志[M]. 贵阳：贵阳书局，1948.

[6] 赵尔巽. 清史稿[M]. 北京：中华书局，1977.

[7] 中国科学院民族研究所贵州少数民族社会历史调查组，中国科学院贵州分院民族研究所.《清实录》贵州资料辑要[M]. 贵阳：贵州人民出版社，1964.

[8] 中国人民政治协商会议贵州省贵阳市委员会文史资料研究委员会. 贵阳文史资料选辑：第 13 辑：少数民族资料专辑[M]. 1984.

[9] [清]爱必达，罗绕典，修. ，黔南识略·黔南职方记略[M]. 贵州人民出版社，1987.

[10] 贵州省黔西南自治州史志征集编纂委员会. 黔西南布依族苗族自治州：文物志[M]. 贵阳：贵州民族出版社，1987.

[11] 贵州省文史研究馆校勘. 贵州通志：前事志：第 3 册[M]. 贵阳：贵州人民出版社，1988.

[12] 程贤敏.《清圣训》西南民族史料[M]. 成都：四川大学出版社，1988.

[13] 贵州省毕节地区民委，等，编，贵州省毕节地区彝文翻译组，译. 彝文金石图录：第 1 辑[M]. 成都：四川民族出版社，1989.

[14] 贵州省地方志编纂委员会. 贵州省志：财政志[M]. 贵阳：贵州人民出版社，1993.

[15] 贵阳市志编纂委员会. 贵阳市志：文物志[M]. 贵阳：贵州人民出版社，1993.

[16] 贵州省毕节地区民委，等，编；贵州省毕节地区彝文翻译组；译. 彝文金石图录：第 2 辑[M]. 成都：四川民族出版社，1994.

[17] 贵州省毕节地区地方志编纂委员会. 毕节地区志：文物名胜志[M]. 贵阳：贵州人民出版社，1994.

[18] 贵州省长顺县地方志编纂委员会. 长顺县志[M]. 贵阳：贵州人民出版社，1998.

[19] 何仁仲. 贵州通史：第 3 卷[M]. 北京：当代中国出版社，2003.

[20] 贵州省地方志编纂委员会. 贵州省志：文物志[M]. 贵阳：贵州人民出版社，2003.

[21] 贵阳市地方志编纂委员会. 青岩镇志[M]. 贵阳：贵州人民出版社，2004.

[22] 贵州省毕节地区民族宗教事务委员会，贵州省毕节地区彝文翻译组，贵州省彝章县民族宗教事务局古籍办，等. 彝文金石图录：第 3 辑[M]. 成都：四川民族出版社，2005.

[23] 花溪区地方志编纂委员会. 贵阳市花溪区志[M]. 贵阳：贵州人民出版社，2007.

[24] 彭福荣. 乌江流域民族地区历代碑刻选辑[M]. 重庆：重庆出版社，2007.

[25] 贵州省文物考古研究所. 水族墓群调查发掘报告[M]. 北京：科学出版社，2012.

[26] 贵阳市花溪区文物保护管理所. 贵阳市花溪区第三次全国文物普查成果：花溪遗真[M]. 贵阳：贵州科技出版社，2013.

[27] 陈建华，王鹤鸣. 中国家谱资料选编：传记卷[M]. 上海：上海古籍出版社，2013.

[28] 安成祥. 黔东南碑刻研究丛书：石上历史[M]. 贵阳：贵州民族出版社，2015.

二、著作类

[1] 张仲礼. 中国绅士——关于其在19世纪中国社会中作用的研究[M]. 李荣昌，译. 上海：上海社会科学院出版社，1991.

[2] 吴正光，娄清，杨信主. 贵州的桥[M]. 贵阳：贵州科技出版社，2004.

[3] 庞思纯. 明清贵州七百进士[M]. 贵阳：贵州人民出版社，2005.

[4] 赵世瑜. 小历史与大历史：区域社会史的理念、方法与实践[M]. 北京：生活·读书·新知三联书店，2006.

[5] 史志宏，徐毅. 晚清财政：1851—1894[M]. 上海：上海财经大学出版社，2008.

[6] 毛远明. 碑刻文献学通论[M]. 北京：中华书局，2009.

[7] 王顺庆. 分阳诗稿选赏[M]. 杭州：浙江大学出版社，2014.

[8] 姜明，吴才茂，杨春君. 区域社会史概论[M]. 成都：西南交通大学出版社，2015.

三、论文类

[1] 闻宥. 贵州雷山新出苗文残石初考[J]. 华西文物，1951，（01）：3.

[2] 余宏模. 明代水西慕魁陈恩墓碑探证[J]. 贵州文史丛刊，1980，（00）：102-110.

[3] 余宏模. 明代万历壬辰水西大渡河桥彝文碑[J]. 贵州民族研究，1981，（03）：85-93.

[4] 余宏模. 威宁乌木屯安巡如墓碑残文探证[J]. 贵州文物，1983，（01）：31.

[5] 黄透松. 明思州宣慰司副使刘贵墓志铭考释[J]. 贵州文物，1983，（03，04）：82-84.

[6] 蒋德学. 试论清代贵州的移民[J]. 人口研究，1983，（05）：35-40.

[7] 侯绍庄.《明思州宣慰司副使刘贵墓志铭考释》补遗[J]. 贵州文物，1986，（01）：1.

[8] 吴长生. 关于毕节"完纳钱粮碑"及其他[J]. 贵州文史丛刊，1998，（04）：30-33.

[9] 何平. 清代的时势变迁、官员素质与赋役征收的失控[J]. 社会科学战线，2004，（02）：145-151.

[10] 董建辉."乡约"不等于"乡规民约"[J]. 厦门大学学报（哲学社会科学版），2006，（02）：51-58.

[11] 吴大旬，王红信. 从有关碑文资料看清代贵州的林业管理[J]. 贵州民族研究，2008，（05）：168-175.

[12] 吴大旬，王红信. 从有关碑文资料看清代贵州的农业管理[J]. 中国农业大学学报，2009，（03）：115-122.

[13] 王敏. 清代贵州移民绪论[D]. 哈尔滨：哈尔滨师范大学，2009.

[14] 许庆如. 清代贵州义学的时空分布研究[D]. 重庆：西南大学，2009.

[15] 吴大旬. 从有关碑文资料看清代贵州的社会治安管理[J]. 贵州民族学院学报，2010，（01）：12-17.

[16] 刘志伟. 从乡规民约石刻看西南地区民间环境意识（1638—1949 年）[D]. 重庆：西南大学，2011.

[17] 严奇岩，陈福山. 从禁渔碑刻看清末贵州的鱼资源利用和保护问题[J]. 贵州民族研究，2011，（02）：129-134.

[18] 李斌，吴才茂，龙泽江. 明清时期清水江下游天柱地区教育变迁——以碑刻史料为中心[J]. 教育文化论坛，2011，（02）：100-106.

[19] 罗登宜. 贡院石碑[J]. 贵阳文史，2011，（03）：68.

[20] 李斌，吴才茂，姜明. 论明清以来清水江下游天柱地区碑刻的分类、内容与学术价值[J]. 贵州大学学报（社会科学版），2013，（03）：37-43.

[21] 李斌，吴才茂，从转娘头到庚贴为凭：清代清水江流域苗侗民

族的婚俗变迁——以碑刻史料为中心[J]. 贵州民族研究，2013，
（06）189-193.

[22] 许南海. 贵州民间的生态意识——以乡规民约碑刻为例[J]. 原
生态民族文化学刊，2014，（04）：71-75.

[23] 叶成勇. 贵州沿河县万历时期《军门禁约》碑文考论——兼论
贵州明代中晚期"夷"汉关系[J]. 民族研究，2014，（05）：92-99.

[24] 彭福荣，黎露. 乌江流域民族地区历代碑刻文献探析[J]. 三峡
论坛，2014，（03）：23-29.

[25] 吴大旬. 从有关碑文资料看清代黔东南土地与水利管理[J]. 贵
州大学学报（社会科学版），2015，（01）：83-85.

[26] 严奇岩. 从《龙村锁钥》碑看苗族洞葬的祖先崇拜与风水信仰
[J]. 贵州民族大学学报（哲学社会科学版），2015，（03）：1-6.

[27] 叶成勇. 从贵州锦屏《戒谕文》摩崖石刻看宋朝对湘黔桂边地
的治理[J]. 中华文化论坛，2015，（08）：104-110.

[28] 严奇岩. 从碑刻看清水江流域苗族、侗族招龙谢土的生态意蕴
[J]. 宗教学研究，2016，（02）：176-182.

[29] 赵兴鹏. 从花溪湖潮《泰平洞碑》看贵阳周边营盘修建的几个
问题[J]. 河北北方学院学报（社会科学版），2016，（04）：29-32.

[30] 陆庆园. 清咸丰时期贵州广顺州《禁碑告白》碑文考论[J]. 长
江师范学院学报，2017，（01）：36-41.

四、其他类

[1] 贵州省博物馆. 贵州省墓志选集[Z]. 未刊稿. 1986年整理.

[2] 韦廉舟. 贵阳名胜古迹略览[Z]. 未刊稿. 1991年整理.

附　录　花溪清代碑刻整理

凡　例

（一）本书所收录的清代碑刻以贵州省贵阳市花溪区境内为主，兼顾周边地区。

（二）碑文中的繁体中、异体字等在识别基础上，全部使用简化字；对于碑文中的残损字或漫漶不清的，用"□"表示；推测出来的字，外面加"□"表示；风化严重，不详字数的缺文，用"……"表示。

（三）碑刻名字。碑刻有碑额的，以碑额作为碑刻名字，没有碑额的，以碑刻首题或者根据碑刻内容定碑刻名字。为避免碑名重复，在碑刻名字前加碑刻所在的地点和时间加以限定。

（四）所收录碑文中凡遇到帝王、神圣名号等情况时，碑刻是抬头，或另起一行，收录时不再按原碑另起一行，根据碑文内容来断句。对于碑文中两列并列的情况，根据碑文内容进行调整。为保存碑刻原貌，每列碑文结束加"/"收尾。

（五）本文所收录的碑刻按照内容来分类，分为规约碑、告示碑以及公益事业活动碑三大类；各大类碑刻根据撰写时间编排，有些碑文涉及多方面内容，则以所表现主题归类，不再重复归类。

一、规约碑

1.《祭祀碑记》

党武乡当阳村黄氏祠堂，碑额书写有"祭祀碑记"四字，高148.5厘米，宽60厘米，厚5厘米。摘自贵州民族大学2010级历史学学生徐敏调查报告《贵阳市花溪区党武乡当阳村大寨古村落历史文化调查报告》。

尝读政典祭祀之章，四时各有祭，五祀随平时，无非锡天下以仁人孝子/思勤天下，以尊祖敬宗之意。礼尚□然岂可忍哉？义籍属于共都不。先祖/黄汝富游览黔疆，创业广邑，住居从仁，是为□□，始祖□□数忒，至今后□/繁盛，瓜瓞锦长。今各房次第，祖名黄应才，□文□、黄开文、□武、黄凤珠、黄/金相、黄国祯、国彦、黄加亮、加先、黄安邦、治邦子孙黄回念祖考而宗启为□□。/而肃君歆虽不敢僭越乎礼，然而□祀蒸尝祀事必□孔门。于是愿积银/两，买槐抄坝田大小四丘，价银四十八两。隋田条五分壹□□□，摆祖二十一分每□，/将田拓开轮流耕种，以作春祀拜扫之资。耕种田土者条银系伊上，约祭享之。/仪亦系承□务要先后一辙，扳远惟哉，不得恃强欺弱，议□耕种□怠议。如□不肖之徒不遵所训，合族送官惩治，以光前人，万恶世远湮，其详后人来此，□/以才笔着碑，建立庙所，永笃世世子孙，报本□远之，念堂□□华。庶后，毋得文□/□亭云□槐科田右分邦亩坟场山。/

乾隆三十七年季春月毂旦立/

2.《永垂万古》碑

湖潮乡元方村无量寺内，碑额书写有"永垂万古"四字，高约 147.3 厘米，宽 63.3 厘米，厚 13 厘米。摘自贵州民族大学 2009 级历史学学生吴再流、吴松桥、王成志、王琴调查报告《花溪区湖潮乡元方村无量寺调查报告》。

谨乡规袁方堡众姓人等，为严禁盗贼以清地方事。窃闻出入相友，守望相助，/此风俗之所以淳厚也。竟有一干无知棍徒，日间山上盗窃牛马猪只，夜间挖墙/割壁，寅夜偷盗田中米谷荞麦豆粮，以及园饰瓜菜，山林竹木草厂□□□□，/是痛首疾心。众等各捐银两，买备牛酒以禁乡规。自禁以后，父戒其子，兄戒其弟，/各手乡规。如有不遵乡规，犯此条例拿获者，照例处罚。如有恃强不服，公送赴□/官究治，莫谓言之不预也。乡规条理开列于后，其有闭户亲识不言者，罚银三两。/

禁山上盗窃牛马猪只，拿获罚银拾两戒众；/

禁纵放牛马猪羊践踏杂粮，罚银一两；/

挖墙割壁，务要齐心追赶，不上前者罚银三两；/

禁无知妇女偷鸡鸭，罚银一两；/

禁田中米谷荞麦豆粮，拿获罚银三两戒众；/

禁山林竹木草厂园坎，若有乱坎一根拿获三两戒众；/

禁园中无知妇女偷取瓜菜杂物等项拿获罚银三两戒众。如有不服赶出境；/

□□□拾年岁次乙未六月吉旦立/

3.《承先启后》碑

党武乡掌克村张氏祠堂，高 220 厘米，厚 15 厘米，碑身宽 80.5 厘米，碑头宽 54 厘米。摘自贵州民族大学 2010 级历史学学生封开琴调查报告《贵州省贵阳市花溪区党武乡碑刻类调查报告》。

宁远宗祠记/

式观前古，治化淳懿，世风朴属，在上敦本俗之教，里巷循收族之经。以故其时，孝友姻睦，萃而弗暌。岁时/合其食，吉凶通其财，葛藟无伤，角弓不作，遗秉滞穗，利及寡妇，自宗法不行，俗趋硗薄，皋牢襞积，各殖其/私，相怨一方，閟闻任恤，而瓶罍交耻，泉池并竭，甚至檃稭、箕帚之色加于父母。嗟乎！本之不固，枝将就萎，/膏之不沃，光必无晔，即使幸跻腌仕，典祀丰洁，胑毛丽牲，鼎之俎之先人，其吐此有心者所为，蒿目而永/叹也，古筑云麓先生由进士为江南宁国县令，凡七年有惠政，解组归爰，契地营祠，构堂三楹，庑两之□/如翼，如树楔缭垣，悉以法，用以妥先灵，用以联宗党，用以示云礽。报本追远，坐诸奕祀，厥意良邃。顾余/诵□山□□□谱记言，有服者不过百人，而岁时腊社不能尽其欢欣爱洽，稍远者至不相往来，念今/竺本支者益鲜矣，贫贱则骨肉交恶，富贵则秦越一家，本根不庇，数典殆忘。张氏之子孙果能监涸勪，/习展鸟奕之情，值仲秋祭日，合大宗小宗咸集祠宇，拜奠既毕，以次揖坐，顾瞻几筵，感怀风木。其翔实白/著者，则改容慜服之，其寋义遒荡者，则讼言歔欷之。庶几孟晋万志，□诟是洗，相与肺附，以崇庸德，用能/保世滋大，不慰灵爽，岂仅占护杯棬，沤郁胦蠁，谓足以绳祖武卜蝉嫣哉。余摄篆广阳，景仰先生流风，/引疾省垣，嗣子启曤介李昏坞孝廉征文勒石，可谓善述先志者也，余故诠其义以为记。/

赐同进士出生前翰林院庶吉士知玉屏县署理广顺州事加一级年家眷弟张澍敬篡/

大清嘉庆八年岁次癸亥桂月中秋穀旦立/

4.《龙村锁钥》碑

碑在贵阳花溪区高坡乡杉坪寨,高约 110 厘米,宽约 70 厘米,厚 18 厘米,额书"龙村锁钥"四字。摘自 1993 年《贵阳市志·文物志》第 95 页。不见原碑。

盖闻山川秀,乃天地生成;人丁发,沾祖宗德行。但此坟茔,自古遗留,迄今亿万余年。惟恐有人不认宗族,广钱营利,剖腹藏珠之际,□□合寨传齐公议:初揽□捐银,鸠工好师,诚固封锁,□□佳城。伏愿遗骸与金玉同坚,冥福与丘山并厚。伏维万生,永镇斯土,厚德无疆,功崇万古。今辟新阡,山环水聚。敢竭微忱,洁修禴褅,尝蒸簠簋,祷祀□先,无惊无怒,底众先灵□。孔宁□固,千秋永安。而我众殊臻,千村万聚,至今四围永锁。傲戒后人,次再无欺无藏,自始至终而兴于世。佑启后人,兰桂腾芳。耄耋期颐之久,自古迄今瞻仰。万古不磨,而众等□□佐为序。告曰:从今已后不许谁人再伐再卖,如有不遵者,众问皂祭,封山通知。谨告。

平寨罗(姓)

荣郎、□有、住□、孟管、捧管、浪揽、手立、六捧、手捧、浪达、宋辇、乎脸、八也、孟也、立也、明贵、大发、母榜、平剪、手剪、乎剪、孟远、初臭、种□、宋害、宋连、报惹、乎本、也宋、文宋、共千、乎勾、合谷、扛卜、过骂、勾贺、脸败、文宋、汪入、母早、包谷、供良、文宋、穷良、母哈

杉木寨罗(姓)

宋勾、郎辇、昂管、昌报、穷乎、哈完、宋鲜、□富、勾乎、穷剪、乎要、穷住、辇穷、种要、穷母、管孟、报愿、要愿、达母、豆辇、歪豆、母住

众名通计六十七房，齐全协力，合行建记。

信士罗文魁助笔

嘉庆拾陆年岁次八月上浣日二寨同顿恭立戒禁

5.《笃意栽培》碑

党武乡当阳村村口，碑宽 72 厘米，高 133.5 厘米，厚 13.5 厘米。摘自贵州民族大学 2010 级历史学学生徐敏调查报告《贵阳市花溪区党武乡当阳村大寨古村落历史文化调查报告》。

天下之山，发源于昆仑，分支于寰宇，遐陬僻壤，无非此一脉之错绣。村落/龙蟠凤落而水带山襟亦钟灵焉。大寨后山一座，纵横里许，东至本寨屋，/李姓买党姓山脚土；南至大路，北至场上店。屋后自来竹木畅茂，因之人/士登贤书，此以知后山为风水所关也。自乾隆三十五年，不法之辈砍伐，/寨迎神踏勘护蓄。至五十二年奸徒又起，纵火而焚，估占开挖。众等控，/奉恩批断，伊出银封护，永不容败坏风水。阅数年，恶又猖獗复行砍伐，/姓又迎神踏勘，捻不能制彼婪心，寨内小人辈遂借口成贪，竟争霸种更/余地矣。渐至圳土启石，何异敲骨吸髓，迩来寨内丰歉不一，贫富不齐，无/风水之败于此山也。众姓惨目伤心，复于是年公议迎神再勘本寨后，除/场上屋后，俱入后山内，当场不准晒谷，栽石为界，安头察护勒石为铭永/侵占等情，倘有不遵，盗取木石草芥开挖者，一经拿获，公同送官究治。/指及私嚼隐忍，亦同送究，头人众姓临事退避及唆揆侵占者，罚银十两，/山口空地公议为井泉，龙王庙地，均□至□□。/

又本寨于嘉庆十三年买意事公田五丘，小土两块，只许安佃毋容霸种。/

嘉庆二十年岁在乙亥孟春月下浣□□□□重修三门神坐……/

6.《杉坪断碑》

该碑位于高坡乡杉坪寨。碑上半部分已断裂，能见到的部分高约 90 厘米，宽 60 厘米。从该碑文中的"嘉庆元年"以及"于二十一年造十家牌"及"冬月上浣岁丁丑"等字样推测，该碑的建立时间，应为嘉庆二十二年。摘自 1984 年《贵阳文史资料选辑·第 13 辑·少数民族资料专辑》第 115 页。不见原碑。

……不平则鸣，圣人以无汝为贵，佩凡为官作吏致□泽民，上有恤刑之……民。今有土寅，自设奉办公事，藉端派虐，于嘉庆元年握称瞬……三十七两。十年又称造丁册，嚼去艮十七两。于二十年称造……嚼去艮九两。于二十一年造十家牌，嚼艮七两五钱。是年冬月，诈称碉祟……券格，又嗑艮九两。每年又来派米三斗，自行设计，层剥肤髓等逦闻，真是违国殃民。遭此叠嚼逃亡，惰难以甘忍，只得泣叩府上……髓，民不堪命。批恐挟仇诬禀，蒙赏票差提审讯。仰沾天台，秦镜高……窘行虐口之端，令苗等钱粮公务自行投柜，以绝后害。令土官……之项，一半三十五两具结在案，日后土官不得洁派藉端。倘有……合承解官究治任口费用，使良苗得安斯□，群黎均沾雨露之恩……维□□□矣……额粮壹石整自古上纳……倏艮贰两四钱整二斗。二年投柜上纳□……冬月上浣岁丁丑……

□阿广、罗起富、罗乎勾……罗名贵、罗朝龙……□汪报、罗阿幺、罗汪宋合同立

7.《承先启后》碑

该碑文见党武乡当阳村《黄氏家谱》，今不见原碑。摘自贵州民族大学 2010 级历史学学生封开琴调查报告《贵州省贵阳市花溪区党武乡碑刻类调查报告》。

窃闻宗庙之礼，序昭序穆，古今而初无二致。享祀之仪以妥以侑，举贵贱而悉共辙，是以善继善述。孔圣恒称为达孝，修陈设荐。武周尝举于春秋，敬宗敦本所自来矣。我始祖黄汝富，原江西吉安府庐陵县大水塘槐花树黄家村生长人氏。贸易至黔，住属广顺州从仁里党武黄家寨，至今数百余岁。叨蒙默祐，子孙之多，不啻螽斯之蜇，后裔之盛实如瓜

秧之绵。迄今渎者已泮水之有望耕者，各饔飧之可足。因而合族商议，各出银两，在于本寨买明地基一幅，修建祠堂一座，本年上殿已成，左右厢房亦起。菊月望初请祖升安正位。孙黄子德并合族等，窃念宗祠必有扁对，以壮观瞻。恳求州主天籁玉印刊刻扁首，蒙恩准赐诰授奉直大夫贵阳府广顺州正堂加五级，纪录十次，印一封。不意王主恩上加恩，复亲题扁对文字，永垂万世。不惟合族沾恩甚深，即先人亦被德无疆。虽敢效武周之制作，而先人实有所凭依矣。伏愿祖德宗功昌厥后，地灵人杰发其祥。大展无双之宏休，增光第一之门间。则子子孙孙永茂，时时岁岁来朝。勒石记载，万古流传矣。是为序。

拜华山坟山一座，树木，合族人等不得私行砍伐，如私砍伐者罚银五两。买越姓田三分，向姓田一分，土一分，共去银二百零五两七钱。每年头人耕种，任谷拾肆石，十月初二上清，收入祠堂，以为香灯之用。不得短少颗粒，如有短少，罚银五两。

买谷蒙寨刘姓长冲之田一分，去银七十两，每年任谷八十五斗，为拜扫坟茔之用，亦不得短少颗粒，如有短少，罚银五两。随田条银共肆钱零五厘。建造祠堂用费银两，数年余积银一百零六两，买青岗山银三十两，众助银二百七十两零三钱，总共算明用去肆佰零六两三钱。合族公议，存银四十两，屡年放利以作祠堂香灯之费。

大清嘉庆二十三年孟冬月初一吉旦立

8.《兴隆场碑》

碑在花溪党武乡旧场寨，高 140 厘米，宽 75 厘米，额书"兴隆场碑"四字。摘自 1993 年《贵阳市志·文物志》第 128 页。不见原碑。

盖此场之开也，自康熙乙卯岁，太高祖彭龙公奉州刺史李公示，开场便民，又修武林寺庙为彭氏香火，置摆省庄业为常住，买地为一境场集，计收店房七十三间之租银，为本寺香灯之费。每间定收租银六钱，纪于石，勒阁。高祖正国，曾祖理□□□□□□□□□□□缠绵补葺，于今七世，百十六年矣。先因乡民滋逞，以人命陷害杨正先，曾祖遂封禁此场不赶，只留房租入庙。继因族内不肖者出，将房基寺地尽行盗卖。乾隆四十三年如溢公命子维聪等鸣之公庭，州主李牧当堂讯明，责惩买卖二家，仍追入武林寺庙业。奉州主命，复勒石垂后，其原篆碑文曰："且夫报应之说，由来久矣，惠迪从道，载诸《尚书》；余庆余殃，传之《周易》。可知神堂庙宇之识，非徒新一时之耳目，所以坚人心向善之念，俾其以善继善而相垂不朽也。自康熙乙卯年先祖彭龙建立武林寺，为合族之香火，期历久而常新。当是时，不辞劳瘁，不惜资财，于辛酉年买置谷庄业田地，以租谷为僧人常住之资，复买隙地，请示开场，收房钱神灵香火之费，其房共计七十三间，每间租银一钱。盖先祖原竭力为公，毫无私念，是以刻石垂后，郑重分明，累世相传，纤丝莫紊。奈相沿日久，见利忘义之徒，忽起念私废公之举。族中不肖者，谓此场乃先人所设，竟至硬行变卖，是不特先人之善念难存，即神灵之凭依安在也。如溢不得已，始将碑记□白讼之公庭，蒙州主李公当堂审讯，断令买主退还归庙，令僧收租。曲直攸分，具结存案，如溢窃念善始贵乎图终，遵行期于永久，爰将原委勒志石上，用志州主廉明，永绝将来弊端。并祈当代正人君子，共秉公心，各存善念，偏私者化之，贫残者锄之，则兴隆场得其清正，武林寺借以常垂。俾后人有所遵循，豪强无得浸蚀焉。是不特如溢之幸也。于是乎记。"迄今年湮世远，碑刻剥落，文字凋残，□□□恐后失据，豪强幸进，浸蚀复起，则先人创业之苦心，不几废坠乎！为人子孙而坠厥先绪，莫如世守，何也？裕等爰捐微资，延工凿石，敬述前言，重勒□羞，用是以垂永久云。

　　住持僧通□　□□郭元盛
　　大清嘉庆二十五年岁次庚辰桂月吉日重建

9.《皂角井碑》

　　　位于党武乡旧场东面的皂角井北边。碑高 68 厘米，宽 63 厘米，厚 6 厘米。摘自贵州民族大学 2010 级历史学学生潘春调查报告《党武乡历史文物调查报告》。

且自"天一生水，地六成之"，而养□是以有赖焉。我旧场原有/井一口，多为二石所阻，而井泉所流甚微，易场以致汲水者多/闹事。所以同心协力，各捐微资，开广凿深，俾井泉混混水出，/计而日用所需，庶几甚便，□当告成，公议禁规：凡本场挑水人/宜自爱各宜顺理，不容以污秽投井，不容以豪强□占，挑水时必□/及，更不容以一桶而佔三挑，以致恣肆。倘有此人，罚银三钱示，或过□/□龙。谨守例规，则井养其不穷矣！而众寺亦不失固井之义焉，/示成为盛事哉！/

今将始名功德艮开列于后：/

杨启法助银一钱，张尧贵助银二钱，五林寺一钱，张起伦钱六十文，/廿九高银三十文，邬□有钱二十文，□□富钱六十文，施洪□钱六十文，/姚士义助银一钱，王□法银一纟一卜，李吕钱六十文，张得受钱八十文，/李二命钱六十文，张超安钱六十文，张□□钱六十文，李大有钱六十文，/裴光明银六卜，裴守兴钱四十问，裴守旺钱四十文，曹凤银八萝卜，/周进发钱六十文，周绍友钱六十文，徐王贵助银一钱，朱文兴助银一钱二卜，/廖正明银一钱二卜，向铎钱五十文。/

再议：不准牛马践踏饮水以违罚银二钱。/

道光六年十月十六日立/

10.《德泽常昭》碑

该碑立于党武乡下坝村，为白棉石质，高 165 厘米，宽 64 厘米，厚 9 厘米，碑额书写"德泽常昭"四字。笔者亲自调查。

泰来村……门□修神祠培路捐金芳名、禁约条规，勒石为记。/增主杨□□□村人□□□□□□□泰杨□、杨荣、杨学礼、杨文士、裴元清、裴元科、方士富、/黄尔英学之……之荣、靳士□、杨炳、刘连科、黄士茂、杨炯、/方成仁、张元广、靳士□……张文……靳士富、方□□、杨炘、杨燃、/杨启文、杨启武、方成王英之□、方士英、方士□、方士□、吴之有、黄起□、方士才、方士仲、/吴登纪、方成万、方成惠、周成富、周成□、张学义、□□□、方士明□全中以上五十四/人共捐功德银五十四两。

一议：村中子弟各家教□耕读□□孝弟，不□放荡为/非。幼子两争者，各自教训，不必论短道长；壮胆两争者，寨中老人不必奉情，论其理之/是非，使之和睦勿容经官，若不听说者，合众执之，必要他服为是。

一议：每遇公事，/言清方准饮酒，饮后不准言之。若饮后言，借酒事放风者，罚银一两。

一议：自方姓/门首天井背砍，上致原厅内外，不准解树种草，牲口时常要过；晒米恐至争□，亦不准/晒；屏墙脚不准堆粪，河内不准到渣滓阻塞，以至□水污井。若有强要解树、种草、晒米、/堆粪、到渣滓者，罚银三两。

石匠：汤之荣、汤之文、黄尔宽、李朝斗、□老三。/

道光六年三月吉旦立。/

11.《永禁碑记》

碑立于孟关乡付官村梨花寨水井旁，当地人称该水井为龙井。碑方首，碑额刻有"永禁碑记"四字，阴刻楷书，高 65 厘米，宽 38 厘米，厚 10 厘米。笔者亲自调查。

凡有以盖□各□向井中洗涤及……/及以盆桶□□及洗染者□□□/以人为尊向井中浇水□□□□/放鸭牛，其入井游荡者□□□/以刀向内外井坎及外井路/□□□□□□坎并倾□凳□□/者□□有放马向外井中泡□/□□罚银乙两。见者不说，同□。/

道光八年仲冬月　吉旦/

12.《永垂不朽》水井碑

翁岗村大寨与小寨交接处上升泉水井（也称龙井）边。现在看到的井是 1975 年扩建及后来翻修过的模样。翁岗水井五口相连，从西往东依次为：第一口井为饮用水源、第二口井为洗菜用、第三口井为洗衣服用、第四口井及第五口井洗农具、灌溉用。第一口井处上游，第二口次之，第三口井与第四口井依次走低处，第四口井与第五口井并排。井西侧立一座小亭子，供龙王菩萨，亭子基座处有一通老碑，破损严重，依稀辨认二十余字，可辨认碑文为记载龙井最初开凿情况及当时的护井条规。老碑碑头阴刻"永垂不朽"。摘自贵州民族大学2010级学生贺鑫鑫调查报告《花溪区党武乡翁岗村调查报告》。

……井……/……罚银二两，□/□说出……/……五钱，/……官究治……/道光二拾二年/

13.《百世不易》碑

燕楼乡谷蒙村谷蒙寨尹氏宗祠，保存非常完好。笔者亲自调查。碑额有"百世不易"四字。

少昊开基，始至三皇之后裔。少昊之子名□，封于尹城，因以国为姓，故曰尹氏。自山东受姓而后派由天水，传为尹氏者有由来矣。/吾祖天禄公原籍北直真定府衡水县花硚里，为北城兵马指挥司。因洪武吊北征南，我祖天禄、天福二公入点。/天福公转回原籍衡水县，天禄指挥普定化竹水母之所来矣。始祖葬于罗勇，至六世祖尹全住谷蒙、尹时住定番，系定番谷/蒙所共之祖也。创立祠宇自明迄今，多历年所，因年深渐朽，岁之添修。门垣既已倾颓，柱石都将剥落。外观非耀，中蕴可知。/道光七年重修改作，则屡年积贮费用空虚。所有遗留之资，备为清明拜扫之需，而春秋祭祀之用犹然不足。十七年，族中公议各出/银两，以为屡年春秋祭祀之用。其有昔年祖父出银两者，载名于碑。他日后子孙观此碑，有祖父之名者，入二八月祭祀之列，祖父未出银两/者，不得载名于碑。他日后子孙观此碑无祖父之名者，不得入祭祀之列，若入祭祀之列仍出银壹两五钱。立此碑文为照。/

尹起贤、尹起志、尹起学、尹起郁、尹起臻、尹起才、尹起光、尹起长各助银一两伍钱；尹祚奎、尹祚契、尹祚有、尹祚国、尹祚应、尹祚增、尹祚云、尹祚全各助银一两伍钱；尹祚通、尹祚千、尹祚微、尹祚候、尹祚新、尹祚佑、尹祚祥、尹祚科各助银一两伍钱；尹祚孔、尹祚恒、尹祚孟、尹克富、尹克万、尹克应、尹克美、尹克和各助银一两伍钱；尹克新、尹克渭、尹克用、尹克凤、尹克政、尹克致、尹其发、尹其魁、尹其致各助银一两伍钱。/

道光二十二年八月初十日合族建立/

14.《永同日月》碑

党武乡当阳村村口，碑高 158.5 厘米，宽 80 厘米，厚 13 厘米。摘自贵州民族大学 2010 级历史学学生封开琴调查报告《贵州省贵阳市花溪区党武乡碑刻类调查报告》。

自古天开地闷，始太极以初分，山峙川流，由两仪而肇判万山一脉，肇启昆仑千□□/原分行洱甸，故八卦始分生□，运门义开，七政同流，五元之形，方立生成之众本□□/洛，故本立道生，岂天木本水源之基，故太祖发源分支于寰宇矣。然而我寨后□一□/自梓枝下殿，不远千里而来，穿田迁，渡距海，崩洪重重，开帐叠叠，生泽而水带山□方/□□，从而侍左右，而胎息孕育之所，亦钟灵焉。突于此际顿赴，天柱落脉住绩□□/居民，虽不龙蟠虎踞，号曰众鼻□□实沄谬矣。自历以来，建设此寨护蓄数百余年，禁/止砍伐开挖，以培风水，可羡竹木畅茂，树林森森，笃生万物，衍发千可，皆赖后龙公山/之所，□士登贤书，农乐田畴，工精艺业，商茂易而人寿物丰，实系风水之攸关也。□/于□乾隆年间，奸徒二次砍伐，纵火焚山，估众开挖以为私业，上□公议迎神踏勘/二以即行赴州县，□多□约邻乡长，不忍参商和会，封山当□，可凭永不砍伐□下/佥论。以至道光二十四年又出不法奸党，盗四寇薮之，□势强押众，倚仗其威自行/势□以砍伐本寨，源霸井填基，估占亩地，开挖后□以为彼之私业。古云：地以脉为气，/□□为形，□脉伤则人物难保，山以草为毛，土为由草，土开则□受刑。故我等合寨数百户，余土/□□，议业则攸关命，有脉寄陡迁□□伐木掘土，所以异合寨之晦气，我辈目靓不忍，只得复行具□□思□□□/众前□差提讯，又□约邻乡长即赴州衙挽和，断裁界开井，封山复书穷□永不砍伐，开挖免伤□□元气/以□大寨平安□无素□令□寨众议：倘于中居有不法奸细暗含成党，私自砍伐，種□外合者，众人查出遂官究□勿言。/

公□□□□□是□/

道光二十四年十一月吉旦立大寨众姓　　仝立/

15.《青岩镇龙井寨道光二十六年土地纠纷碑》

这个碑文是在龙井寨龙氏家谱上摘录出来，为 2004 年龙玉华在龙井村的中院门石碑上抄录下来，不见原碑。摘自贵州民族大学 2012 级历史学学生胡桃、李健、王跃渊、娄明勤、陈梦雨调查报告《龙井村调查报告》。

龙井后龙皆山也，其西岫地名木路山，山下幽谷一窝，自康熙以来，罗王二姓所买地土也。□南山下井畔，系付姓私（施）入龙泉寺也，各业各管，莫□，突有住持僧戒香者，借庙业具控二姓在州。承乡长说息，两造具结，呈明吴老太爷下。二姓人等，恐日久无凭，遵奉州主勘□□□，刻石为铭，裁石作界，所呈甘结列于左。

戒香结：蒙恩差提，兹有寨邻乡长，不忍参商，于中查明，付姓将田私入龙泉寺，仅有私田，并无老契。此田先年系王老九祖人耕种，至今亦未短少租谷。不料本年僧戒香新住龙泉寺，与魏起□等将庙内施白契据查阅，清查王老九耕种之田，意欲祉安，恐其不允赴案，妄控罗王等在案，今伊处令王老九退佃，僧等日后不敢再行多事，所结是实。

王老九结：蒙恩若提，因□王老九祖人，种付姓施入龙泉寺之田一坽，至今并未短少租谷，因新招僧入戒香住持，意欲借庙业为田，妄控□罗王等在案，兹伊等自知情亏，请乡长于中说息，令□王老九退佃，各照契管业，日后伊等不敢多事，□心悦服亦不敢再行多事，所结是实。

罗金倭、罗有地、罗士能、罗士豪、罗士聪、罗士兴、罗士奇、罗士杰、罗士念、罗士易、罗士哲、罗典、罗正、罗沛、罗全、王建模、王化

道光二十六年五月吉旦

16.《训后议》碑

该碑立于罗氏祠堂大门一侧。笔者亲自调查。

训后议

闻之语曰："乐正司业，父师司成。"又曰："父兄之教不先，子弟之率不谨。"岂建祠而独无所训乎！议修。/

一议：祭祀。每年春祭于墓秋祭于祠，将公银办理务丰洁，因此染指加倍罚。/

一：训育子弟。将公银延师课读，毋争论，亦无间断，有异议者，以抗公论处罚。/

一：族中有不孝不弟，到祠训饬不悛者，绝之，逐出境。/

一：要畏法。有不安本分奸邪者，送官究治，不准入祠。/

一：祠中贵洁净。毋许杂色人等投宿寓食，妄邀射利者，公议处罚。/

一：守祭器。凡祠中所具什物，毋准借用，倘有狗情私借者，查出罚。/

一：祭祀息银限定每年三月二十日收放，毋得任情逾日，违者罚。/

一：每年祭时议轮派十人料理，有借故不前者，惩责外，罚清油十斤。/

又合纪公捐银人名于左。/

荣祖、耀祖出银十七两二钱；罗赵氏出祠左土乙幅；细幺、秉彰、祭贵四无；/为善、交善银六两，头担乙柯；秉善银一两五钱五分；耀龙、王龙、之桢、之后、济善、朝友、在职七人各出一两；/罗正一人愿出银五两；之深银二两三钱；之璋、之椿、凤材、之琮、之玫、德隆六人各出银六钱；/学程井口一柯，神棹一张；秉秀银一两，树一柯；美善树乙柯；应鼎银二两，神棹一张；翔龙、征善各五钱，树乙柯；/律南银六钱，井口一柯；性善、益善、之□、德明各银四钱；/罗兴银一两，神棹一张；秉文、复善、好善、之粹、彰善、登善、元兴、朝相、朝恩、钦明、九材、长材、重美德；/延年银一两三钱，树一柯；/

道光二十八年全日 立 /

17.《禁碑》

立于石板镇合朋村，宽 64.5 厘米，厚 7.6 厘米，高 124 厘米，底座长 96 厘米，宽 65 厘米。碑额书写有"禁碑"二字。摘自贵州民族大学 2009 级历史学学生雷艳芝调查报告《李氏禁碑》。

盖闻人之有祖草木之有本也。培□□，则本固而枝□，酉水之有源也。清其源，则源远/而流长。有祖而培其凌□，则祖宗□佑，而子孙蕃昌也。此老芒林坟地下/副，先已安厝□高祖妣朱太君，后有□□白公之子宏得买上□，□为父墓，四至载明/买契，况所遗亦□甚公而所明亦佺甚大上属□□白之前向不可任地下□高/□□之后龙丑可骑也。若祖有龙□□之祖有向而祖之□□本之拔其本水之塞其源，/安望□□丧而流长乎？

今有延枯之侄李□、李淇□□□，意欲将因徐氏埋葬□显白/坟前。众族闻知向阻，请凭亲有带韶副□□□□□□□自知这情，另寻别葬。故合/族即日公议，立此禁碑，日后不论贫富尊卑老幼亲□□在此也。安葬□有□法，子孙/再为暗里偷葬，以失伦序，或私行倒卖，以致混杂。众族皆知无□其□卖偷旧□/为何人偷卖偷葬之已久，未久必另立起迁退还。若有不尊，众族执此敛文，公议送官□□□者□白 再 者因咸丰二年正月初十日，又□□延备之子李浚□恃强凶横，私打禁碑，将母□/氏折拜盗□。众族闻知，即请族长圯□向□说明，浚□恃强如故，众族□连偷欺祖□/毁盗葬，具控在案□投侯勘传讯断，粘抄附及主勘明，浚□自知/□祖□□持请□兄/周荣向众族说□原，迁移别葬，赔还禁碑，醮祭坟山。现立有字样存□以□族子孙/不得再有□□□□□禁。/

大清咸丰二年三月吉日四支子孙重立/

18.《孟关乡改貌村水井使用规约碑》

该碑立于孟关乡改貌村二组，方首，白棉石质，高 61 厘米，宽 55 厘米，厚 10 厘米，阴刻楷书。笔者亲自调查。

闻之耕田而食者，必凿井而饮，/饮之而不爱惜之，则人既蹈于 否 /者，□神亦必恶其污。吾乡不下百户，/资水德以供饔飧者，类皆于斯井。/赖为爱集，众议分为三所，出源者 只 挑饮，次井作洗菜之用，至三井始/洗衣物。庶几，沁心脾者，不乱以/流歌；濯足者，不引以果腹也！如/不遵乱洗者，罚钱五百文入众。/

咸丰三年二月二十八日公 立 /

19.《一六生成》碑

　　该碑位于谷蒙村出入口不远处公路旁边，碑为青石质，宽为64厘米，厚为16厘米，高为125厘米。该碑正面和背面都有石刻。碑的正面即碑额横题为"护井公约"，落款时间为1966年。碑的背面横题为"一六生成"，碑的正中间自上而下写有"井泉龙王"四个大字，碑的最左面由上至下是立碑的时间，即咸丰四年（1804）十二月二十一日。背面的碑有三分之一被埋在地下，因此部分内容无法识读。摘自贵州民族大学2009级历史学学生陈李先、李玉琴、李雪、敖成涛调查报告《关于花溪区燕楼乡谷蒙村历史文化调查》。

粤考易之家曰山下出泉蒙君子以果行育……/可知古帝王建邦设都相阴阳二必观其□……/蒙一村不二百余户，自古迄今多历年□……/开井旧每多无禽之叹而井□乃获无咎□……/有无一□量力捐资，爰命石工造成水库，使……/流其光，可以供千□之用，由是□至□……/帝则拾无疆必哉。至看寨□堤下之……/行填塞，任意拾取，如有此情，公……/

一议：井内部准洗衣洗菜……/

一议：未出卧房妇人不准进此跳水……/

如有不遵公议，众人罚银五□，如□……/

咸丰四年十二月二十一日/

20.《牛厂碑》

　　立于青岩镇思潜村。高140厘米，厚13厘米，宽67厘米，碑额书写"牛厂碑"三字。摘自贵州民族大学2012级历史学学生吴伟、徐朝友、萧宇呈、王小花、石坤平调查报告《青岩镇思潜村调查报告》。

大冲坪子补押营大坝一带牛场，始祖公以贻，谋乎子孙者也！公讳可敬，自明洪武/□□皇恩赐土，迄今廿余，传爵无替土亦无应焉非今胜德何以至此。然子孙繁衍圉□/一辈之中每有一二冈体先人之志，非私为己业即鬻与外□□保无侵蚀争占之患也，/后之视今犹今之视昔，祖宗有子

孙而思有以贻之子孙□□□有以贻其子孙乎！今贻□□/上□□□下□后
□□□此时则吾辈牛厂东置□□坡岭西置□岩□□□南置塘□/□□仅可
以……/

嘉庆年间，族人□□ 不允反捏控府批焉碉坪子土幅既非公共之产，
周开卫等何/□阻挠不由开挖□□□□有何契据可凭词亦不准。/

道光年间，田姓盗□□□□□众人具控在提凭官不准越界□□□□/具
控未提出字求息不敢再挖。/

咸丰年间，族人估住大冲坪子不允反诬控差传众姓原告畏审求和立字
披出众费过銜□/结银五两。

以上数案皆□□□□初之使众知为公地，不可私挖盗卖。有贪心者改
之，无贪心者加勉。/永绝矣！/

大清咸丰五年……众 仝 /

21. 咸丰石板哨十寨乡禁碑

　　碑在石板乡政府西南方野狗坡苗寨的背面，距苗族跳厂的场
址不远。碑由天鹅寨、半边山、龙场坡等十寨的苗族、布依族人
民为维护公共安宁，防范盗窃，禁止毒鱼打鸟，共同商定的乡规。
碑高 120 厘米，宽 69 厘米，厚 15 厘米。摘自 1993 年《贵阳市
志·文物志》第 98 页。不见原碑。

盖闻国以民为本，民以食为天。自因乡规未启，盗窃滋犯，刻为碑记，
永免贼害。

一议：贼入境盗窃家财、六畜等，不光齐集本寨，鸣锣吹角，分路追
赶，邻寨闻声，各守要路，拿获送交县官究治。

一议：盗窃五谷、竹木，拿获交集本团甲长分议，除赔还外，再
议□罚。

一议：盗窃草厂、菜、谷，拿交总甲，除赔偿外，再议□罚。

一议：六畜践踏五谷者，拿获交甲长，相地赔还。如不遵者，再投总
甲认罚。

一议：失遗有由，准给搜寻，□□不得转行坐护，违者送县官究治。

一议：毒鱼打鸟者，拿获罚钱一万□千文。倘见者不说，口亦罚钱五百文。

一议：乞丐入寨，除老弱以外，不准□文。

一议：违令该罚之人，如有恃横不依者，交县官究治。

以上诸条皆由众定。一寨有事，各寨同体。倘有坐视，公同议口，如再不遵，禀官究治。所定乡规，春秋两禁。每年约定六月十五日一会，如有一人不至，罚钱一千。

天鹅寨、半边山、龙场坡、小高寨、大高寨、摆巷、摆笼、井猫洞、芦茨寨、茨凹。

咸丰八年六月十五日十寨公立

22.《垂裕后昆》碑

党武乡翁岗村新寨刘氏祠堂，碑体高 144 厘米，宽 68 厘米，厚 12 厘米，额书"垂裕后昆"。摘自贵州民族大学 2010 级历史学学生张丽栋调查报告《关于党武乡翁岗村历史文化的调查报告》。

刘氏支派序

万物本乎天，人本乎祖，虽天子必有父，诸侯必有兄，水源木本敢或忘欤。/溯余世系派出西川重庆府之统属，巴县之遗黎也！自始祖讳一宽迁/黔，萍踪偶和，遂为淹流，卜居广顺州属从仁里党武大寨。亦云适彼乐土/得我所矣，乃世道日殊，人心不古，致令我始祖蹈非常之险，临不测之渊。/悲哉！一线之传，岂料子孙之多，若螽斯之蛰蛰，宗族之盛类，瓜瓞之绵绵/田。二世祖德有能继世业，克昌厥后，痛先人之遇祸，经营久之，始得思/了，颇为爽垲，足以栖迟。爰兹得地之灵用是生人之杰以德有为父，有士/雄、士俊、士杰为子。吾曾祖士雄公，乃德有公之长子也，效杜华之择邻，/法王仲之徙宅。康熙壬子岁祭于寝辞及宗人，于翁冈河新寨居焉。忠厚/传家，世世天眷，兰桂滕芳，有明征第族谱失之于思丫，后之人欲识支派，/所以然，孰从而求之。孝后裔仲贡奈生也晚，谨述

所闻，自始祖至本支而/记之，以为刘氏支派，庶几，反本寻源有考云。/

刘仲由、刘汉、刘泮、刘淳、刘再兴、刘有兴、刘必兴、刘易兴、刘永兴、刘德兴、刘福兴、刘凤兴、刘□兴、刘万有、刘万年、刘万顺、刘万明各出银三钱以作祭祀之资。/

23.《孝思维则》碑

党武乡翁岗村新寨刘氏祠堂，碑体高 144 厘米，宽 68 厘米，厚 12 厘米，碑额书写"孝思维则"四字。摘自贵州民族大学 2010 级历史学学生张丽栋调查报告《关于党武乡翁岗村历史文化的调查报告》。

祖祠祭祀序/

先王缘人情而制礼，因人性而作仪。庶人春荐韭，夏荐麦，秋荐黍，冬荐稻。荐者祭也，祭以报/本，不忘其初者也。夫立爱自亲始，统称尊祖敬宗，人之大伦，慎终奉先追远古之至训。音容/虽杳，难忘祖德宗功，灵爽式凭岂忍。秋霜春露四时之荐，固云孝思数世之灵务，常省视值/兹春秋芳辰，妥先灵于如在是在索且第祭荐可远诚，而昭穆必得其所。固是道光二十/年四年，孝后裔仲贵虔议本支捐金建造宗祠以遵王道，开源节流之得，置薄土永为昭穆/血食之需，可爱者子孙之多，可格者祖宗之远，应时享祭者，百代馨香有依，内为尽诚外乎/尽礼。祭品无拘，力所得为，分所当为，势所能为，必全而必洁。庶几求阴求阳，精诚不隔，报气/报魄，神明堪通。是则祖宗望之于子孙，子孙报之于祖宗。所明示后世，教爱教敬教孝之道/也。吾曾祖后嗣繁昌，本之宗人无或紊，尔重典也。尚其佑启后人。存先人之庐，长为安宅，/守先人之典，永作观瞻，岂非因春秋二祭之举，有以达孝心于无穷乎。是为序。/

其有修建各捐银两开列于左：/

刘仲贵捐银八两地基一幅、刘□捐银一两三钱、刘易兴捐银四钱、刘仲田捐银一两、刘樘捐银六钱、刘淳捐银一钱四分五、刘滨捐银四两、刘淑捐银四两、刘汉捐银七钱五分、刘福兴捐银二钱五、刘浩捐银四两、刘清捐银四两、刘洁捐银四钱五分、刘光兴捐银二钱。

计开向灯之资：/刘仲贵后山土乙块、刘仲由园子乙厢、刘仲和银一两、刘大兴后山土乙厢、祠上买明后山土乙幅、刘万美后山乙厢。

大清咸丰八年仲春月下浣穀旦立/

24.《禁碑告白》碑

花溪石板镇盖冗村，高 170 厘米，宽 80 厘米，厚 13.5 厘米，碑额书写"禁碑告白"四个字。摘自贵州民族大学 2011 级历史学学生李太明、李红伦、周艳、杜大祥、何可艳调查报告《花溪区石板镇盖冗村调查》。

从来立学校以长善良，联保甲以除□业□□□圣君贤相忧世忧民之深心也。而在上者既已布腹，而/推忧则在下者，自□遵道两□□□□□□□乡耕读为"业"，在在俱遵率，□弟宵小之辈射利心深，枉道/营求，俾民间日夜有守望之劳，朝夕无片刻之息。爰于本年七月之望，本团齐集，重整乡规，众议数条，必/谨团中之游惰者，□原从今规戒之后，而各安本分，共作良名，俾堂有仁厚之风，廷无雀角之诵，庶不负/君相爱民之致意云尔。其有规戒条规开列于左。/

一议：田土户婚系属□官长莅治，团中毋得干与；/

一议：人□原贵敦伦□族，如有不孝不弟，本族父兄训喻不悛者，惊团饬责，如有抗团，团长呈供，送/官究治；/

一议：各寨俱有乡规，凡有盗窃五谷瓜果草木等类，均依各寨规条处断，如有不遵断，一经投团，重加处置；/

一：夜间有形迹可疑之人打牛马，路遇邻近之人，务要盘查，如不盘查，罚银三钱入公；/

一：夜间有盗得牛马去者，夫盗之家如访的踪迹，准投知本团，同团之人出力帮拿，有不前者罚银三钱；/

一：草厂揭牛传知各寨，有不上前帮拿贼者，每门户罚银三钱入公；/

一：本团内大小事件，有干团规通知，速即齐集应酬，不得推委，如

有一寨不前者，罚银十两入团；/

　　一：各寨有横仙道不遵理法者，惊团处置；王小月长命富贵①/

　　一：团中之人不准借团嗑嚼，如有此情重加处置；/

　　一：团内之人有暗作寠家，招引贼匪者，寨中甲首举报，团中齐集，将寠家处置，如甲首不报，加等处置；/

　　一：本团子弟言行须当谨慎，如不顾廉耻而奸盗邪淫者，合团众议抬他丢河，不得宽恕；/

　　一：吃丐之人，本团众议，不准打罚，违者罚钱乙百钱；/

　　咸丰八年八月毂旦义和团众议立/

25.《为善最乐》碑

　　该碑立于罗氏祠堂正殿门外一侧。笔者亲自调查。

　　盖闻居家戒颂忍事，即知事之师非种必锄，前车乃后车之鉴，古之人所思患预/防，有备无患也！我祖罗心田于万历七年契买杨芳、杨茂之杨家山、小合朋山。两/山并峙周圆数里，历葬各祖，自明及清由来久矣！因乾隆六年有不法之戴敬完等/于祖坟后挖煤，有伤地脉。祖等控经前府□主，委经所许主勘踏封禁，立碑在案。至立/十一年，戴宗儒复行开挖。祖等控经前府韩主，仰广顺州张主、贵筑县高主会勘，将/戴宗儒斥革封禁，立碑在案。至四十二年戴文明、朱必富等复行伯挖，祖等控经前/府陈主，仰贵筑县毛主复勘，责惩文明等封禁，立碑在案。延至嘉庆十年，有不宗之/罗王品、戴老大等复挖。祖等控经前府程主，仰广顺州托主勘踏，责罗王品等封禁，/立碑在案。得列府之廉明，歌功颂德。幸群小之藏退匿迹销声，相沿日久，稂莠无闻。/讵意咸丰七年三月内有来福寺张椿复行占挖，嗣孙等以毁碑占挖等情控经贵/阳府刘主，蒙批勘提讯夺，后又控经藩宪觉罗海蒙批，仰贵阳府录案详报核/夺后，于十月二十四日委员徐主中金涵勘踏，十一月十八日委候补府陈主仰星/宿并贵阳府刘主富堂审讯，断令老沟为界，老沟内煤硐不准开挖，不准朱姓砍伐/柴草、纵放牛马践踏，遵结在案，甘心悦服。孙等食其旧德，服其先畴，既绵世泽于既/

往，不得不防萌□于将来。爰立碑二块，一块立于小合朋山左菜冲水沟之上，一/块立于金盆穴祖坟之旁。第恐风雨石砌为山，特立禁碑立宗祠之上，以志不朽。邬

总理：文储、永璞、翔龙

承名：酉书、为善、秉善、之桢、在国、国玉、占魁、玉堂

参赞：登友、美善、性均、依善、玉林、之纯、之翱、凤林、光湛

大清咸丰九年岁次己未月建丁卯朔日壬寅辛亥日众族立/

26.《万古不磨》碑

党武乡当阳村黄氏祠堂，碑高 120 厘米，宽 60 厘米，厚 8.5 厘米。碑额刻有"万古不磨"四字。摘自贵州民族大学 2010 级历史学学生封开琴调查报告《贵州省贵阳市花溪区党武乡碑刻类调查报告》。

尝思有宗祠者必有祭业，有祭业者必有契据，依古以□大抵□也□。黄/氏自始祖汝富公入黔以来，世代相承，历有□所后裔昌盛□□。宗祠是/得买田园以作蒸尝之费，岁收租谷以为享祖之资。至其所买之，立约七□/秉存，罔敢失坠。延至咸丰九年十年内，因发匪窜踞定、广二州，各大人平□/堵纂，奈滥勇等过我本境，不遵军令，肆行掳掠，而土匪亦然。余保□寻/件外，契约一并失遗，所存者不过一二，是以我黄氏六房子孙□□□□/业而无契据，又恐契据无存而祭业为人所侵占，以故勒石铭碑以为后记，/俾后人知祭业之所在。复知契据之已失，照此碑而管业也云尔，以是为叙。今将得买祭业之地名块角，并业价开列于后。/

计开：/

应才祖得买槐抄坝之田，大小四丘，价银四十八两，又买槐课之田，右半块，/价银三十两。/

加宣祖得买大园头之田土，一并□丙，价银三十三两。又买攞雍之田一块，/价银八十两，又买攞雍之田一厢，价银十三两。/

大清咸丰十一年岁次辛酉孟春月吉立/

27.《永垂不朽》碑

碑立于党武乡翁岗村，方首青石质，高94厘米，宽50厘米，厚8厘米，碑额书写"永垂不朽"四字。笔者亲自调查。

咸丰十一年仲夏月中浣/

公议：不准放火烧山，如有违者，一经查出，罚银二两入公，如有不遵凭众处治；/

公议：不准用药毒鱼，如有违者，一经查出，罚银二两入公，如有不遵凭众处治；/

公议：不准渔人打渔，如有违者，一经查出，罚银二两入公，传齐人众处治；/

公议：如见犯以上条规来食报口者，给银三钱，决不致误。/

谷蒙寨翁刚河首士：刘起荣、刘椿、刘起秀、章以兰、章以睿、杨继芳、章□□、尹祚芳、尹其禄、□□□、□□□、李有祚、何□□、何王海、沈□□、沈□□、沈渐遂、刘永兴全立/

28.《万古禁止》碑

碑位于花溪区燕楼乡谷蒙村翁刚河畔，碑为青石质，高84厘米，宽53厘米，据碑文记载该碑立于清同治元年（1862）。笔者亲自调查。

同治元年仲秋月望六日立/

公议：不准放火烧山，如有违者，一经查出，罚银二两/入公，如有不遵凭众处治；/

公议：不准用药毒鱼，如有违者，一经查出，罚银二两/入公，如有不遵凭众处治；/

公议：不准渔人打渔，如有违者，一经查出，罚银二两/入公，如有不遵凭众处治；/

公议：如见犯者以上条规来食报口，给银三钱/决不致误。不准放坝掘鱼，如有不遵者罚艮二两；/

翁刚河谷蒙寨首士：沈□培、沈渐逢、何王海、传廷保、章以淙、沈怀祖、丹祚芳、丹其禄、刘起坤、章以兰、尹其琨、刘以璹、何恩杨、经芳、章一睿、季有祚、刘起秀、刘永恩、刘起东全立/

29.《周氏祠堂禁规碑》

位于周氏祠堂右侧，保存较好，部分地方雨水侵蚀严重。无碑额，阴刻正楷。高163厘米，宽75厘米，厚15厘米。笔者亲自调查。

补用府平越直隶州正堂留署贵筑县事卓异侯升耿为/严禁事。案据直隶州□江苏□州如皋县周际霖之家丁吴荣呈□□家主以苦人报本/追远，首重祭祀□以□□□有偿，方期久远无缺窃慕古人义庄之意，筹资置买李渭臣、朱子/余、端木溶江等田地，附入宗祠并乡贤专祠内归管完粮，择祠族人轮流经理，每年□收花息/租籽作为当年祭祀之用，余剩谷米分给贫族，以资赡养。诚恐日后子孙宗族私行当卖抵押，/致缺蒸尝。除将该田买契并完租数目抄录勒石，竖立祠内，谨将原契抵册一本恳求在案，并/恳给示等情到县据此。除批示外，合行出示严禁为此示仰周姓阖族人等知息。自示之后，尔/等毋得将祠内田业私行当卖抵押，倘有此情，连买主一并究治，各宜懔遵毋违，特示。/

伯阳寨田六十四丘，种一石六斗三升；伯阳寨田十八丘，种一石二斗。以上老业。河边寨四十丘，种一石六斗；/山猪显田六十四丘，种一石六斗三升；河边寨田三十七丘，种二石七斗；赖坡脚田四丘种三斗七升；/时家寨田二十丘，中一石二斗八升；花阁老田四丘，种七斗五升；时家坝田三丘，种一石□□/

同治十二年五月二十八日告示竖立周氏宗祠/

30.《永垂百世》碑

该碑位于高坡乡杉坪寨，碑额书写有"永垂百世"四字，高约80厘米，宽50厘米。摘自1984年《贵阳文史资料选辑·第13辑·少数民族资料专辑》第117页。不见原碑。

……等，蒋呆平寨、杉木寨、百果寨、场寨乙共四寨……卖，汪宋、陈其祥□买为业，又卖□硐……为业。二姓角□，道光二十五年纳蔙……高坡兴隆寺，其田八场，共二十二丘。秋粮五升，如府上纳。条银三钱，兴隆寺内上纳……□以四寨□□干。恐无后凭，立碑为据。

大清光绪元年九月二十二日立

31.《有言奉告骑龙寨公议乡规碑》

位于黔陶乡骑龙村。摘自贵州民族大学 2011 级历史学学生刘竞徽、陆庆园、唐美调查报告《贵阳市花溪区黔陶乡历史文化调查——以骑龙、马场、赵司村为中心》。碑额书写"有言奉告骑龙寨公议乡规碑"。

大清光绪十三年二月吉旦/

盖闻乡村之患莫患于保甲不清，保甲不清，人心焉能得一。兹因人言/多，凡我等一村之人同心和意，谨请保甲共建乡规，务奉望我境之人□流行/万吉愚为贤百弊旧陈我境之告人丁贤功名显则源兴六畜□则可□，/是为序。□今将乡规骑龙开刻于后。/

一议：盗寺家财，无论多少□□银二钱罚银□□□□；/

一议：大池□长天元小寨岩马□岭及庙山，不准砍伐讨嫩□，如有贪者□；/

一议：田口小（大）春放□烟油菜□□□□罚银三钱，六畜践踏□□□□；/

一议：放火烧山□□银一钱罚银三钱，作封山之□□□□□□□；/

一议：砍大树松崽扳□银一钱罚银一钱；/

一议：□木材□□□□□□；/

一议：以启卦公贡上上户一百文，上户银□二百文，中户卦一百文。/

以上各条，凡有□者估抗不遵，公论用传事一人为日日给二□□□一百文/□头人赴公析会议必要踊跃□公以阖家赴公买钱十二文□□/审究治□□□□以下罚项银钱限十日为□。/

32.《永垂不朽》碑

湖潮乡寅贡寨前的水井旁古柳树下，碑长 165 厘米，宽 78 厘米，厚 6 厘米。摘自贵州民族大学 2010 级历史学学生梁海霞调查报告《湖潮乡新民村与下坝村墓葬和碑刻的调查报告》。

尝观水秀山青林木兆祯祥之瑞，地灵人杰风水卜永□□/休。吾村祖籍江西，创居云贵，相彼后山平底，倡植森林栽培，/各出本金承买此地归众，蓄成参天老树，障蔽寨后，弥空上/古，德厚同心，勿剪勿伐。后世分崩离意，随砍随挖，举目濯濯，/忍悲宗功。为此公议严禁不准开挖，禁后再有入山伐木、讨/笋、拔根，以及纵放六畜等事、拿获除醮祭外，罚银三两。庶几，/林木森茂，众寨永昌。为此公立严禁。韦宴琼是序。/

一议：沟渠道路有隘卫生倘有阻室开挖另辟水道侵/占路边众地者每户出艮三钱送官究治；/

一议：禁寨后红泥树木不准挖砍，违者罚银三钱；/

一议：如有被盗牛马什物，鸣众跟追倘贼拒抗凶伤，/每户出艮一钱送官究治；/

一议：茨木树料各各有主，倘有偷盗拿获，加倍赔，外罚/艮七钱，后山私业只准栽木培补，不准开挖作茵；/

其有杨姓所买之田土山林树木扫清卖归本寨，/除坟外寸土不留，现有契据。/

班陈韦三姓人等立/

光绪十三年冬月吉日立/

33.《永垂不朽》碑

该碑立于老关口寨，高 115 厘米，宽 63 厘米，厚 12 厘米，阴刻楷书，碑额刻有"永垂不朽"四字。笔者亲自调查。

盖清团设，实为众生所计，里分捕屎由辟土，则然其住居关口者，/不有因乎！斯地有主，斯民有志，即所屎之山坡地上周围有界。虽是/省里洪庄犹在，我团共固以上仁人君子自秉公必各守规法。凡/我同盟有不

安分，来过界伐木晒草者，莫谓有规不白乱定。辣瓜菜/数者，莫谓无情。此是第五段之公词，非一人之私论也！/

今将封山开山日期以及各条乡规泐之于石。云：/

一议：每年从四月初八日封山，定至七月初一日开山晒/草，外寨不准过界乱获。如有过界乱获者，拿获罚银一/两二钱，报口四钱。本案未到期获者，亦照此罚。/

一议：不准放火烧坡，乱砍树木，如违拿获，罚银三两，报口六钱。/

一议：不准乱讨菜数辣瓜，如违拿获，罚银六钱，报口二钱。/

光绪二十四年七月初六日公议立/

34.《老柏杨寨周氏祠堂条规碑》

该碑立于老柏杨寨，高 165 厘米，宽 76 厘米，厚 18 厘米，无碑额，阴刻楷书。笔者亲自调查。

祠堂条规序/

我周家积德百余年，始发柏杨寨塘边山及各处，分住各枝科甲门第，孝友家风，在黔省为巨族，在外省有声名。自咸丰年兵口之/后至今五十余载，颓垣断井不能复元。可怜耕读穷苦熬不出头，无科甲受人欺，欠人账受人气。处此光景，还要傲惰，还盛为人口，/不孝顺亲长，永无翻身之日矣！幸亏祠堂上有点规矩、有点义田。趁此香烟，大家敬宗睦族，尚有发达时候。若要充狠负气，以规矩/为不然，冒犯尊长，大祸在后。眼前狠得过，以后亡其身，以及其亲。古人不我欺也！然而孝敬之人，必须守礼义。兹将规条开列于后。/

祠堂条规/

一：祠堂田分祭田、义田、谱田。祭田收谷作祭祀用，每祭以十五石为准，余谷留作祠堂岁修之费。义田收谷，每年清明日计口分授，执票赴义仓领取。谱田收谷有为修谱之用。/

一：祭祀祭品凭单照办。子孙入祠与祭，随主祭者排班，肃静行礼。礼毕，家人欢会，不准说长短、论是非，嬉笑怒骂。如有犯者，初罚跪，再罚责，三罚谷。凭族公同议处，不准同情。/

一：分授义谷，原有定章，不分贫富、不论孀孤，惟远房比亲友照减一倍，如人多谷少，照数均摊。/

一：子孙入祠与祭，必须行礼，如不行礼者，即是欺祖灭宗，罚扣本身义谷。行礼既毕，先是主祭及管事主祭命管事看坐待茶，以昭敦睦，不得傲慢。/

一：经管祠事择本支贤能年长者。总理给谷三石。次择总管二人，各给谷三石。次择正辨一人，给谷六石；副辨一人，给谷三石。次择学习一人，给谷二石。学习厅正副指使正副/厅总管指使收发谷石，眼同查看，周年会同将一年用账算明。如有不清，凭族议处，每年举一人轮流。/

一：义田踏勘于上仓，领谷时除管事五人外，将亲房远支得谷成丁人分为三班，每年轮一班，由佃户带领，同管事之人勘周义田，免日后偷漏块角。如不往勘者，不给本人义谷。/

一：值年管事两祠，遇祭及收花发谷，必亲执事。如一不到，以应得薪水摊罚。每祭祀后，管事须周视两祠房屋有无湿漏，随时向总理说明。修补如需银至十两，会勘估计，不准擅□。/

一：新添丁口上小碗一付，添上六口上大碗一付。亲远房男女同须于清明前一日交管事。如接媳添丁，并将生辰说明，以便登记，后日修谱，今日写飞。如未上碗，不准给谷。/

一：祭田如族人耕种，以子孙种祖宗之田，宜比外人尽心，以求祖宗默佑，上花要干净、数目要清楚，方不为外人笑话。如忍心欺祖宗，不干净而短数者，永远不准种祖宗之田。/

光绪三十一年岁次乙巳三月初九日子迪谨自福建藩署订七月十三日树生德芳立阖族遵守/

35. 谷蒙村章氏重修祠堂碑记

燕楼乡谷蒙村章氏祠堂，高 133 厘米，宽 67 厘米，厚 9 厘米，阴刻，碑额书写有"永垂千古"四字。笔者亲自调查。

宣统三年十/

尝思木本水源，勿念先人之令德，秋霜春露，足击后人之遐思，是先人之有培/于后人者，□□而后人之追报乎先人者，不宜浅也。我支入黔始祖迁居谷蒙，/相传已十余世矣！先年旧有祖祠聿照祀典，因咸同年间遭贼扰毁灭尽无存。/兹特约集族人营立宫室，重修神主，以安先灵。伏愿世世子孙流传勿替，/上可以光前□□□裕后，同心同德，慎始慎终。捐助芳名开列于后。/

章文斗助银伍两五钱、章文荣助银二两六钱、章德荣助银三两六钱、章文贞助银二两六钱、章文佩助银二两九钱、章文级助银二两四钱、章有经助银二两二钱、章德贵助银二两六钱、章德法助银二两六钱、章德福助银二两八钱、章有才助银二两八钱、章以祥助银一两七钱、章文深助银一两七钱、章文宽助银一两七钱、章文光助银一两七钱、章德隆助银一两七钱、章德顺助银一两七钱、章文万助银一两七钱、章文明助银一两七钱、章德先助银一两七钱、章德财助银一两七钱、章王祥助银一两七钱、章岩寿助银一两七钱、章岩保助银一两七钱、章文英助银一两七钱、章德寿助银一两七钱、章文酉助银一两七钱、章德明助银一两七钱、章赵保助银一两七钱、章文明助银一两七钱。

二、告示碑

1.《碑记》

此碑立于高坡乡高寨公路边丛林中。碑额书《碑记》二字。摘自 1993 年《贵阳市志·文物志》第 94 页。注：碑中加（　）符号的"为""陈老幺"两处系后人所勒。不见原碑。

贵州贵阳府贵定县大平伐长官司宋为招民复业事：照得蜡利、高寨额载条银二两，系四股均当。今有阿烈、阿沙（为）等，不遵规例，竟将载册之银粮，任意飞洒。前据阿夫（陈老幺）等具诉，前任本县恩主耿、李大老爷台前，悯念无知愚氓，姑不深究。随行清查，仍照四股均当。

阿沙、阿烈等本系伍钱，任意飞洒，抗不纳认，私自潜逃，又扬言必欲仇杀，以致该寨苗民畏势潜逃，伏祈赏示立碑，招住坐等情到司。本司查得前任县主批据，仍照四股均当，阿烈何得刁抗不纳。悯念无知愚苗，姑不深究。合行出示，仍照旧规尚纳。所有搬迁各户，立即招住坐、佃种田亩，办纳钱粮公务。倘有一户刁抗国赋，不照旧规尚纳，即拿解赴，以凭治罪。慎之毋违。特示。

雍正九年五月初十立碑

2.《巡抚部院檄示》碑

此石碑立于金竹镇金山村寨门（石门）楼上，碑高163厘米，宽73厘米，厚9厘米，无碑额。摘自贵州民族大学2011级历史学学生姜万友、石艳、郭小玲调查报告《贵阳市花溪区金山镇金山村历史文化调查报告》。

黔省办理科场一切经费均有帑项开销，修理/贡院固无庸捐帮银两，即需用竹木柴炭等物，/亦不必派累闾阎。兹据禀县役宋连/升等借端派捐等情，如果属实，自应革究，仰/署布政司即速查明，一面严行禁革，一面转饬/贵阳府，提集差人约等，因何借端派捐？该县/所发谕单是否属实？一并确切究报。/

道光二年六月初九日示/
巡抚部院檄示/

3.《奉宪示》碑

该碑位于湖潮乡元方村无量寺，碑额书写"奉宪示"三字，高134厘米，宽61.5厘米，厚14.5厘米。摘自贵州民族大学2009级历史学学生吴再流、吴松桥、王成志、王琴调查报告《花溪区湖潮乡元方村无量寺调报告》。

道光二年六月，本里士民以里差滥派科场良木柴炭等物，同红里上/控。蒙护院檄凭式面议，尔等案与红里无异，□□一视全仁。现有/批免榜文，一体遵照。至九月，红里赴院请示。复蒙糜□右政司□/同按察司妥议详夺。臬宪景批除滥派。及后糜景二大人详奉/抚部院。嵩岜示晓谕，果系阖省均免，永无滥派。今刊石永彰德政。护/院糜批：黔省办理科场一切经费，均有帑项开销，无庸捐帮，须用/竹木柴炭等物，也不必派累间巷。兹据禀县役宋连升等滥派科场一/案，如果属实，自应革究。署右政司即速查明，一面严行禁革，一面转饬/贵阳府，提集差约人等，说明因何藉端派捐，该县所发谕单是否属实，/一并确切究报。臬宪景批：办理科场，各省具有一定章程，不容差/约人等藉端苛索。此案应如何杜绝弊端，方可官民两便。后会同藩司/确核妥议详办，其有杜除弊端，晓谕示文遵示，永刊泐悬里庙，以垂不/朽。再有茨草垫席火把。/

道光四年，因县差滥派，谷池里上控。蒙护院吴批事关纵役抚民/贵阳府色讯结，科场需用各将应物进城，当堂发银，照示平买，不经/需役之手，不准克扣短发滥派勒折。/

合堡众姓人等，重修门楼之役。公议不准堆粪捶草，若有犯者，/罚银一两示众。/

道光五年五月吉旦立/

4.《高峰寺庙田纠纷遵照碑》

碑位于青岩镇谷通村大寨，高190厘米，宽70厘米，厚13厘米。碑文分上段与下段两篇，上段为《遵照》，下段为《高峰寺常住田土碑记》。笔者亲自调查。

遵照

代理广顺州正堂五级纪录十次陈□为侵/庙滥公遵示勒石永除积弊事：照得谷通建/设高峰寺常住四石余斗，又捐买粮长田乙/坊，栽种六斗，地名白岩田。因该地棍赵大帽/等估耕侵食粮长田谷，藉办公为名，混行耗/费，以致庙宇毁颓，差役不供。今据陈灿连、郑/元缜、赵文法、杨登仕、岱宗仁俱控到州。除将/赵大帽等讯明，本庙施白显粮长田契概行/遗失，追缴不釜将来不会□□□头人等踏/明田土，开载红□，永为后据。

外合行□给为/此示，邱头人及住持将示勒石，嗣后毋许赵/大帽及不法棍徒在庙侵扰。粮长田系众捐/置，每年派二娃耕种，分花交给值年头人，秉/公办差，毋得混争，倘仍踏前辙，许住持及头/人等赴州具禀，以凭究治，决不姑宽。毋违！/

特示/

右照给高峰寺住持海依准此/

道光十三年八月二十一日州行右附讫/

高峰寺常住田土碑记

湾子门首田四丘、马咬田三丘、/大坡田二丘、黑石头十二丘、/清沟田三丘、回龙寺脚三丘、/达巷田四丘、巷□□田四丘、/翁陇田一丘、泡塘田三丘、/中间坝田二丘、六厂田六丘、/思惹坝田六丘、三岔田一丘、/高峰寺脚田二丘、牛滚塘十一丘、/石灰窑田四丘、坝对田三丘、/□□共田六丘、鼠场寨田一丘、/施廖家寨田九丘、猫儿井田一丘、/鹅蛋冲田七丘、三岔河田三丘、/和尚塘田二丘、三岔田一岔丘、/小冲门口田四丘、刘家寨塘田五丘、/木冲田坊□□□、泡鹿塘田二丘、/达巷田一丘、埋人洞田二丘、/桐木岭田乙丘、中间坝七丘、/高寨山脚田三丘、翁陇田三丘。/

5.《县正堂示》碑一

碑位于花溪桐木岭村石头寨，碑额书写有"县正堂示"四字，高160厘米，宽88厘米，厚18.5厘米。摘自贵州民族大学2009级历史学学生范兴卫调查报告《花溪区桐木岭村石头寨〈县正堂示〉碑文考释》。

准升古州清军府贵筑县正堂加五级纪录七次张为/严禁恶丐强讨以安间阁事：照得沿门乞丐原因，老幼废疾之人，无可资至而又不能自食其力，方/许乞他人之余食。度□告之残生，理应苦苦哀求，听凭施予，不容争多嫌少，任意呼嚣。至年力强壮/之人，肩挑背负，力作佣工，何事不可自赡？乃竟游手好闲，甘心暴弃。遂致成群结队，肆行强索，稍不/如意，即放赖喧腾，甚或假乞丐之形踪，掠民居之门迳。日则聚赌，夜则行窃。似此懒惰游民，即无前/项劣迹，已应按名拿究。现据西上里生员黄裳番等具禀：近有不法游民，纠集男妇百余人于各寨/人家。沿门强讨，列坐盈门，不由出入，喧哗骗赖，去而复来，以致村民深受其累。禀请示禁等情，前来/查此等扰害，谅不只西上里一处，除饬差严拿外，合亟出示通行晓谕。为此示，仰县属无业　民人/等知悉：嗣后各宜洗心涤虑，自营生理，改为良善。果有年老残疾，许其乞丐，不得骗赖，坐索强讨。倘/敢不遵，并年力精壮之力，在外求食者，许该乡约保长，即行指名扭禀：以凭尽法惩治。如约保不行/严查，一经受害之家，禀送到案，定将约保一并重责不贷。各宜禀遵毋违！特示。/

右谕通知/

道光十四年六月二十八日/

奉/

告示　押　　　　　　　　　实贴南下里石头寨晓谕/

6.《县正堂示》碑二

碑位于花溪桐木岭村石头寨，碑额书写"县正堂示"四字，高 157 厘米，宽 74 厘米，厚 22 厘米。摘自贵州民族大学 2009 级历史学学生范兴卫调查报告《花溪区桐木岭村石头寨〈县正堂示〉碑文考释》。

特调贵阳府贵筑县正堂加五级纪录十次邓为严禁/乞丐强讨以安闾阎事：照得士、农、工、商，各有生业□□若无依老幼残疾之人，流为乞丐□□□□年/力强壮者，虽属贫寒，尽可肩挑背负，各寻生业。岂可耽亦安，俟甘居下贱，托钵求食。今本县访闻城□□/外，有等无赖恶少，专于游手好闲，不寻生业。每日向铺户居民强讨钱米，如不遂，则肆闹不休，或睡地不/去。若遇人家有婚丧等事，彼此邀约，三五成群，拥挤门首，必遂所欲而后散，民间深受其扰。若不严行示/禁，何以安闾阎而禁地方。除饬差严查严拿外，合行出示晓谕。为此示，仰军民人等知悉：嗣后知有年少/乞丐，强索估讨者即驱逐出境。若该乞丐胆敢肆闹不听驱

逐，立即捆拿送案，以凭究惩。倘该管巡役人等不行/驱逐，一经查出，定即贵革不贷。各宜禀道毋违！特示。/

右谕通知/

道光十六年二月初二日示/

奉/

告示   实贴南下里石头寨晓谕/

7.《请示勒石》碑

碑位于青岩镇新楼村。摘自贵州民族大学 2012 级历史学学生令狐克婷、罗言、卯升庆、严兰玉、张俊标调查报告《青岩镇新楼村调查报告》。

特授贵阳府广顺州正堂加五级记录十次州/地方系□方积虑诚有窃贼匪徒勾结/拿究□□合行出示特谕，为此示。仰乡约/结□□□面□流丐强讨强抢□即指名具/山□究□以请□方而安同□倘有约/不介古□凛遵毋□，特示遵。/

黄老三、黄王堂、黄阿七、黄老四、/阿向□□□□陈□连蒋/□□□□州蒙/王杨□老□□□即出示严/

道光二十年六月十八□□/

8.《告示》碑

该碑立于马铃乡凯坝村，白棉石质，碑额刻有"告示"二字，高 164 厘米，宽 78 厘米，厚 10 厘米。笔者亲自调查。

署广顺州正堂加五级记录十次杨为严禁增收钱粮积弊事：照得住土作□/岁有常经额外苛增，法当重究所有。道光二十年地丁钱粮自开征以前，曾经示/谕各花户，应遵照旧章投柜完纳在案。兹据从仁里摆茶等寨具禀，□等从仁里/各寨地丁各照旧规加五上纳，接年无异。近回户书马云章催征该里地丁，擅敢/更改旧章等情，到州，除提马云章讯究外，合行出示晓谕，为此示。仰各花户及书/役人等知悉。嗣后，凡有粮花户自应遵照旧加五完纳，毋得抗延包揽□渔，该书/役亦不得从中抑勒，格外苛征。所有库践遵照部颁法码较准征收；设或毫肆，松/星朦，许即禀请核换；或银色不足，亦应令花户自行倾销足色，免致□厘退水，借/端索勒之弊。自示之后，倘敢仍前苛勒生事，定即严拿究办，绝不姑宽。各宜凛遵/毋违，特示。

凯儒寨、/摆茶寨、/扯扒寨、凯伦寨/

道光二十年十二月十九日立/

9.《永遵州示》碑

该碑立于党武乡下坝村，方首青石质，碑高165厘米，宽67厘米，厚7厘米，阴刻，碑额书写有"永遵州示"四字。因风化较为严重，部分不能识别。笔者亲自调查。

尝读周□以□□□□万民□□□□□有不仰/圣天子之光□□□左右□不□荆棘□生不求本土之……/……谋奸究暗切扪搛为鬼……如此……如……/□实□□天有□道厥类惟彰于道光二十三年突……残……/经/州主勒□□赏得宜更蒙仰示我……互……以为……/中勿□□以相伤效□□而……必锄……耕□读者……/昇平哉，是为之涌。其示曰："/特授广顺州正堂加五级记录十次章为……从仁里党伍地方离城穷远，有恶……/五成群结成伙党，沼门求吃□不……借端滋事，毫不畏惧。诚恐将来/祸为此尝准给示严禁等情，据此□□出示严禁，并仰该□居民人等知息。嗣后如遇前项……/讨许尔等照示遵□□外，如有不□□□州以凭究治，绝不宽贷。各□□遵毋违。特示。"/

……人心……奸邪之征者……永不准丐人歇宿。/

大清道光二十四年仲春立/

10.《道光丫口寨禁开煤窑碑》

碑在贵阳市花溪区久安乡丫坡寨，高137厘米，宽65厘米，楷书。摘自1993年《贵阳市志·文物志》第97页。

升衔卓异贵州贵阳府正堂加十级纪录十五次廖为严禁开挖煤窑事：本年四月十三日，据蔡家里苗民吴老大等具告冯世儒等违示开采一案。当经本府勘明，所开丫坡煤洞有碍田庐，断令封闭，永为不法。诚恐附近居民借称不知，仍在该处强行开采，亦未可定，合行出示严禁。为此，示仰附近凡苗人等知悉：自示以后，勿得再赴开挖，倘敢不遵，许该地主指示，具禀以凭拿究。各宜凛遵勿违，特示。

右谕通知

奉府封闭，实贴丫坡寨、大坡头前后半坡晓谕

道光二十六年六月二十五日示

11.《奉府示谕》碑一

该碑立于党武乡茅草村。笔者亲自调查。

特调贵州贵阳府正堂加五级记录十次周为出示严禁晓谕事：案据广顺州/属绅士李毓琴、生员李宗亮、芳秋、耆民李嵩、毓瑜、毓琏、宗圣、茂才、瑞卿、作肃与合族/等具控李毓碧、李九受等盗卖祖业等情一案到府，当经本府讯明。除/取结附卷外，合行出示晓谕，为此示。仰该地居民及李姓族内人等知悉。嗣/后，尔等毋得私行盗卖盗买李姓祖业，倘敢不遵，一经被人告发，定将尔等/照例究治，绝不姑宽。并谕李姓子孙，大井坡地业已出示，禁卖禁买，尔祖上/留有祭田，每年收租拜扫应听公正族长管理，以绵祭祀。嗣后如有不肖/子孙强横霸占等情，该族长立即送究重处。此本府为尔等敦宗睦族之/意，各宜凛遵毋违。特示。右谕通知。/

印/

道光二十七年三月初二日示/

告示　实贴大井坡　晓谕/

12.《奉府示谕》碑二

该碑立于党武乡茅草村李氏祖坟墓地，碑额刻有"奉府示谕"四字，方首，白棉石质，高138厘米，宽83厘米，厚11厘米。笔者亲自调查。

特调贵州贵阳府正堂加五级记录十次周为出示严禁晓谕事：/案据广顺州属绅士李毓琴、李宗亮、芳秋、李嵩、毓□、琏毓、宗圣、作肃、茂林、瑞卿与合族等据控/李毓碧、李九受等盗卖祖业等情一案到府。当经本府讯明，除取结附卷外，合行出示晓/谕，为此示。仰该地居民及李姓族内人等知悉。嗣后，尔等毋得私行盗卖盗买李姓祖业，倘敢/不遵，一经被人告发，定将尔等照例究治，绝不姑宽。并谕李姓子孙，凡系祖地，业已出示，禁卖/禁买。尔祖上留有祭田，每年收租拜扫，应听公正族长管理，以绵祭祀。嗣后如有不肖子孙强/横霸占等情，该族长立即送究重处。此本府为尔等敦宗睦族之意，各宜凛遵毋违。特示。/

告示　右谕通知/

原示附长房毓掌并将李毓碧、九受等将于本年二月二十三日所具此案甘结泐于石。/具结状民李毓碧、毓瓒、瑜琳、李九受、李二毛牛、乔生等，今于/大孝爷阁前，情因李毓琴等具控，以藐□盗卖一案，蒙恩讯明。蚁家祖人遗有祭业祭□，/应系五房子孙轮流经管。□毓碧、毓瓒、毓琳等系亲房堂弟兄，与毓琴等属从堂弟兄□/等该欠祭□脚米抢种祭业，并欲盗卖祖地，挖毁族众共垒生基，致毓琴等具控案下，毓瓒、毓琳等未经到案，以情愿日后与/毓瓒、毓琳等永不干与祭祀，亦不沾染祭业，任□/琴等掌管。□筑□□□等照旧重垒照祭祖坟，再不敢盗卖取咎，至毓瓒、琳讨种祭土，该□祭银/毓碧□□将土□□另佃，清还银两，一同祭祀，如有不清，惟毓碧是咎。其有祖地□未□/成应□书契，查有盗卖情□，惟九受是问。附具结状是实。/

大清道光二十七年三月初二日示　　　实贴墓边/

13.《永定章呈》碑

位于花溪区高坡乡批林村批摆寨，碑额楷书阴刻"永定章呈"四字，青石质，方首，高114厘米，宽62厘米，厚15厘米。笔者亲自调查。

钦加三品衔调署贵阳府事镇远府正堂世袭云骑尉加五级记录十次□为/出示晓谕事：券查青岩批摆等处应纳余银，系由各户交/纳。该处土司

□解。该土司病故尚未承袭。因班世□□征/条银□该苗民王老幺、罗友林控，经前府提讯，并据班世/□□□□经前府批示□□青岩批摆条银或银八分五□/□□□壹钱□□钱不许勒索浮收，以后均该苗民等自/行□府□纳□□□面示礼物在案据□□□特合行出示晓谕□/此示，仰该处苗民人等知悉，嗣后尔等各户□给条银，务须照查 额 征/数月行赴府完纳，按年□钦毋得隐匿短缩，致于□□各宜禀遵毋违，特示。

右谕通知/

光绪元年九月十五日告示　　实贴　批摆晓谕/

14.《翁岗村定期完纳赋税碑》

党武乡翁岗村摆头山活佛寺，碑宽 66 厘米，高 157 厘米。摘自贵州民族大学 2010 级历史学学生张丽栋调查报告《关于党武乡翁岗村历史文化的调查报告》。

升用同知直隶州特赦广顺票恩加四、随带加一级纪录七次龚为/晓谕 事：照得本州属从仁里活佛山上纳地丁于乾隆五十八年，因/粮头赴贵缴粮，被金户书耸官杖责击押毙命，控经嗑嚼阁部堂云贵/总督口福饬府录局审理，将官吏撤革，定以由粮长每两加针平火/耗银五钱，每票一章钱十文，添一票二钱，割一票一钱，在乡凑集，于每/年九月二十八日听书役下乡收取。合戬经□零□□票□□库平耗/银缴清。一不准书役勒索，二不准嗑虐浮收□□□□□□□□□□复经/赵前本州亲查赴乡，目睹碑记。又至光绪十年，经任□□□至□，/目睹碑记，仍令该良民世守勿替。兹准照常依书，合众完纳，毋得延/自干提迫切切特示。/

首士：李良才、李登亮、李登选、何有江、谢怀、袁碧、杨□、方有、谢□□、向文有、向正华、秦□□、□□□、□□□、□□□、□□□、吴学周、何应棋、何清、何应高。

光绪二十四年九月二十八日众人/

三、公益事业活动碑

1.《龙标寺碑记》

该碑记镌刻于石壁上，高 205 厘米，宽 112 厘米，离地面高约 60 厘米，位于黔陶乡骑龙村。笔者亲自调查。

中宪大夫前分守川东道四川布政司参议兼按察司佥事里人周汝麟撰文，/中宪大夫四川马湖府知府周锺轩书丹。/

予始祖周公，讳可敬，江右吉州之庐陵人，/国初从军，随大将军傅讳友德公南征九股硐箐负固封豕之区□王□籍版图论功行赏。/题授白纳司正长官职，从流品正六。永乐四年颁印，世官食以世土因沃壤扨地浪流开阡陌沟洫□司制壤中/突起一孤峰下俯以流上建庙貌妥祀/观音大士玄天上帝制虽草创地轴实灵四维辈固面列翠屏映带雨溪山吞吐岚雾。/帝祖建文飞赐其守手卓岩下一穴遂雍土清泉停泓其洁如？功德水树有珍禽？时朝集歁度俅隘建有一阁锁风水/功德两全也！季父地坼族众捐赀□培奠基上殿厥位面阳厥材孔良殿堂门庑黝垩丹漆高屋建翎巍峨雄杰永厚天/然称雄刹面垂久所举者族众发心荷　十方捐助赖宗僧性空宗善文表托钵规画书成寺名龙标水金昆之象锁/论尤炅也历来常住此□添施并勒于左。后之子孙昌炽恢而增之愿片石不胜书也阖族属于何□父聊缀数语效/历岩纪功以为礼碑使荐香不轰苔痕不镯□牁陵并垂不朽，是为记耳！/

钦差定广总镇刘、白纳长官司正印土官周、贵州卫长印指挥朱、指挥朱、指挥李、指挥李、指挥□、指挥田、/钦差龙新总镇李、洪番长官司正印土官洪、生员杨、生员刘、指挥高、生员周、生员卢、生员霍、生员杨、/钦差青岩驻镇班、小程长官司正印土官桂、生员周、指挥刘、生员周、生员赵、生员莫潘、生员杨。/

众施助赀数开列于后：/

引善 受戒

十两：周汝望、周文卿、周汝昌、杨丙海、杨丙珠。

八两：周文科、周文德。

七两：周汝建、周忠琯、周文标、周忠琳。

四两：周汝彦、赵宣寿、熊付旺、周颂雄。

三两：周文□、赵氏、周忠璋、周文恒、周国士、周国长。

六两：周文璋、汤崇德、周文明、郭腾忠、周忠瑶、周忠珂、张应芳、熊壮、周发。

一两：刘世三、周汝富、周汝随、雇天佑、卢之化、周□、周钟汛、霍翌、谈士富、杨明、周伯□、周伯介、李恒权、周启后、杨龙、付应俸、付万山、王清有、世□、□□□、李钟权、林世荣、向文高、周钟田、赵翰昌、周彦龙、周如发、王堂、黎友龙、梁□□、莫世华、□□爵、罗应华。

五钱：□尚□、□□凤、周国祥、罗空、周贵、刘□、张龙。

□钱：徐世功、卢守真、王因臣、林□茂、莫□、周国□、席畧、林法荣、罗应友、□台、彭三□、黄应开、周思孝、熊宾礼、□□□。

三钱：张□□、张□□、□□□、李□□、□□年、周□、陈因有、杨三、周普、周得恩、周汝活。

常住田数于后　　始万：

周文苦施三十□称共十两，一分坐盏交、在另，又一分六你，本属中众,陆地二块。

周世熙□□称□□后十地周栋施人称九地坐落□□后。

周世动、周志达共施十二称□各自岩七地□□施三称一□坐落梅子□。

周校龙　施五称八地坐落□□□□周□□施一分于田□于洨后。

乡官周灵一　施五称业落白纳瓦廠十地,周□□拾陆地愧于氏下寨四□。

周□李氏　施二称五地于本其河边周□□□□于冷水塘路边。

陈因有　供万年昼夜灯于佛前水田坎□四十□称，□□本寺边大小十一□□洪泥廿称四地。

及不然灯者　后如有不孝子孙取四者领各诸经□□乡□捨三林坐梅子树五地。

钦差驻镇巴乡副总府守

圣立白云昆尼律堂和尚如下安受闻黎护法弟子宗僧住持太师性元协建性空典建

怡续海观

文贯总畴　　和元元、和元连、和元□

同协行海登、海训、海福、海藏、海莲、海德

聪四、聪止、聪瑞、聪瞿

倡□、倡□、倡元、倡早、倡常、倡光

张、张、张之王

大保

□菩　周　文来省督建

天运庚子岁在春月望日　旦　其日后本山徒子法孙□檀越及外僧俗人等

沺害搬运常住等者各领□经一岁□□下山心、下山嵩、下山定，楼西

2.《南无阿弥佗佛》碑

该碑立于孟关乡付官村，为紫砂岩，阴刻。碑旁生长出一棵大树，遮去一小部分，故碑文不能全部识别。碑高约 62 厘米，宽 62 厘米，厚 25 厘米，碑额刻有"南无阿弥陀佛"六字。碑旁有一座三星桥，为石拱桥，桥面宽 400 厘米，长 345 厘米，桥上有长条方形石栏杆，长约 180 厘米，高 30 厘米，厚 35 厘米。桥头原有一座老庙，今重修为活动室。笔者亲自调查。

建修三星桥碑记/

父桥原以为利济而不病涉也。堡之居形右山，环拱/于溪水之上。初意盖为利行人，而或未晋心拉风，/相其址于故址，数舍之下修得其天造地设之善，/为三星桥因广募邻乡，遂尔飞虹斜挂君□/灵，永聚于风水又有裨焉！非其利乎！工成，□/余为文纪其事云。/

贵州都使司掌印都司杜五两、贵州前卫掌印正堂丁三两、贵州前卫千总副堂朱四两、张国灏□氏银二十文、萧德明陈氏银二十两、刘正奇银

一两、方其德银三两、付应贵银一两、冯起龙……黄道吉……许示林……刘启……刘国正九钱……

皇清康熙二十……/

3.《应子桥碑记》

　　应子桥位于花溪水库上游三岔河段，桥头路旁立有石碑一座。碑上刻有"建修应子桥碑记"全文。中锋楷书，笔力浑厚，为清代康熙三十九（1700）周渔璜手书。1961年花溪水库蓄水，石桥被水俺，石碑移置花街村。摘自2007年《贵阳市花溪区志》第594页。不见原碑。

人皆矜言济世，而有济于世者甚微，则乐济与不乐齐之故也。乐济者，不以力弱辞，不以无报辞，且不以获祸辞。苟有济于人，虽尽家资而不计，是以世常受其济也。不乐则齐，齐者每云力弱，虽获福而不为，况获福而复为之乎？老化街一庄，独处中流，大水分其脊夹，左右而会于其前，若叉□然，故河名三叉。由左而东南波，以达省城；由右而西南渡，则达安顺。往来者颇众，而皆垒石为埠，遂溺多人。有心者悯之，咸曰：非玉还傅公莫与济也。或曰：公虽好施，而年来次君禹山，上南宫谒选人，资斧多矣；其力弱，又平生多施济，未见所以报公者；禹山之令泾也，慈祥廉正，实心爱民，旨道不容愤激，而继之以苑其获祸，又有然。夫力弱则不能为，无报而获祸，则不肯为矣。有识者曰：子非知我傅公者，吾请为公言之，言之而公果欣然愿为也。鸠匠度工，左当为桥十三孔，右当九孔，计费百三十金，米、豆若干石，毫不吝焉。遂择日命匠伐石兴工，月余，遂见苍龙虹霓偃伏于汪洋之上，而自东南而西南，自西南而东南者，咸安步驰骋于康庄，而岁免多人之溺矣。夫天下亦多善乐施，建桥梁以济世者，而无报而获祸，则怠矣。吾观公亦非大有力者，然报而获祸如此，而忻然为之而不厌，非其本性乐于为善，亦何能成此无量功德？伊川曰：一命之士，苟存心于利物于人，必有所济。观公之所为，可以兴矣。然公不尚有长君乎？不尚有诸孙震、观辈乎？长君朴而知义，震与观亦蜚声庠序间，则异日之所以报公道，正自有在，而获福固未有涯也。吾益于公之乐于为善卜之类。公姓傅，讳应贵，别号玉还；

室人宋氏，性贤淑。凡平日施济，及此桥之建，皆其赞成云。

□□康熙三十九年岁在庚辰孟冬月上浣乡贡进士出身文林郎前知河南开封府寒城县事充丙子□□□同考官钦定监察御史眷侄刘子章顿首拜撰

钦赐甲戌科进士任翰林院检讨年侄周起渭拜首书丹

信善傅应贵室人宋氏男九龄孙震广顺州儒学廪生观贵筑县儒学庠生同立

4.《建修宫詹桥碑记》

该碑位于花溪区青岩镇思潜村蒙贡寨宫詹桥桥头，圆首，无碑额，碑右侧大字书写"宫詹桥"，上冠以小字"亿万斯年"。摘自贵州民族大学 2012 级历史学学生吴伟、徐朝友、萧宇呈、王小花、石坤平调查报告《青岩镇思潜村调查报告》。

宫詹桐野周夫子，吾师也，品度端凝，道德纯粹，学问文章真足楷模千古，为吾黔一代宗匠。少读书时，见官塘河为往来通衢，苦无舟楫桥梁以济行。/春夏之间，溪水泛涨，洪涛巨浪，行者甚至伤生。吾夫子慨然以津梁为己任，此慈航之心即宋学士竹筏之意也。甲戌岁公以首解入翰苑侍从，/禁闼二十年，屡官宫詹。沐圣 人 子宠□，奉命四方驰逐王程，遂尔未酬凤志，晚年撄疾，时尚惓惓于此桥，嘱季公 又 溪先生辈代成其志。今又溪鸠工庀材，择期建造，坚久其制度，弘大其规/□□不啻坦途焉。厥工告成，即以公之官名之，盖以示后人之不忘公，并不忘公济人之心。城亦乐公志之成，而思公功德之大也，故爰笔敬书，用垂不朽云尔。/

赐进士及第骠骑将军受业曹维城谨撰 并 书/

億万　斯年　宫詹桥

康熙五十七年三月吉日立/

5.《永垂不朽》碑

碑位于马铃乡马铃村水车坝寨，碑额刻有"永垂不朽"四字，高 166 厘米，宽 79 厘米，厚约 23 厘米。笔者亲自调查。

□盟誓曰之治水□津……之人开河修□□有仁义之泽□□以也。今者为桥之□因□水路之艰险，故众姓□□观□□兴□□广行/□功德□□□□□近往来□□□德无□不□□□□□也□□今之□□作福者□□百年□□施恩积德者□十万往来之桥□□□/□此功德无□□□福降女□祥使□□□之为功□大力□□□□□□功德无量永垂仁人于万古矣！/

□阿都三……□……卢朝□五…………　杨万林三□、陈起贵二□、陈文先二□、卢□保三 ………卢朝聘一□、罗□明五□、陈阿□五□青□三　　□阿长一□、吴阿思一□、水塘寨□□…………禄一□、胡士仁五……起戈三……常阿岩□□……朝选一□、宋朝美五……□开三……阿□三□……品一两、李安□五、□朝□五、□起佩二、杨□□二□、□马三□……阿才一□、罗阿凹五……杨□奋二、班文相二□、朝用三□……国流一□、朝先五……严启章二……朝□三□……鲁夫□□□、阿容五……罗起志二、罗□选三□、言寿三□……王青一两、阿母五……郭□年二、士英三□……两、李仲德一□、朱仲先五、□朝广五□、陈国勋二、□□礼二□、阿路三□……六两、陈起才一□、刘思睿五、□阿□五□、罗阿□二……黄保三□、卢朝齐二两、陈起□一两、黄□□五、□朝兴二、阿连二……卢阿万三□、卢□文二两、黄世题一□、罗芝凤五、□阿□二、陈方保四、□阿□二、阿□三□、张朝应一两、陈国相五、□阿□五、阿弟一、□任魁二 阿黄三□、卢姓□众、末志甫一两、张大用五、陈阿来三、朝奉二□、□礼二□、□四十两、刘德茂五、陈阿焉五、陈阿臣三、长保二□、朝德三□、杨士景三□、卢朝文五、□阿罗二、阿长二□、朝福三□、□贵五、陈老二二、阿贱二□、朝保三□、□□万二□、阿鸟五、陈问三二□、阿□、阿龙二□、朝开二□、陈阿秋、陈二弟二□。/

乾隆四十一年正月二十六日榖旦/

6.《龙山小桥碑序》

该碑位于黔陶乡骑龙村，碑额刻有"龙山小桥碑序"六字，高约113厘米，宽65厘米，厚21厘米。笔者亲自调查。

昆仑峰为天下万山之祖，支分□□亿解□形□奇之状，形家有云绵延钟千里之秀，迂回毓万国之。虽天工而人事亦有不可少者，即如骑龙/一村千严万壑，势若铁骑奔驰，水绕山环，宛如□中毓秀□之竣。谓非派出昆仑，焉能源远流长如是也，更有苟于众水交会之所，无出一/乳，若浮印。然与前之奔腾者，相对以□全局，故昔人于此建祠，以壮一村之观瞻。但制度湫隘，人事不足以补天工。宫詹，讳起渭，字渔璜，号桐野，/公因旧制以开新猷。巍巍峨峨，诚一时之钜观也。前余隐地未经创建。中宪，讳钟瑄，字宣子，号玉山，公欲辟其址，奉祀壮穆，甫鸠工，先祠/继有，故而遂不果。然其遗泽磊磊落落，灿若列星，恨未有述其志，成其功，为惜耳。有僧自南来，挂锡于此，见庙貌之恢弘，山水之秀丽。考之/天工，固无少缺，观诸人事，不无未尽。于是缘门托钵。募者于金，苟前之。然举以泄清流，建卧波之长虹，以培元气，水光上□阔路借桥/影而吞吐锦鳞，于咏时□采菡萏以飞鸣乡之先□，或挽子弟于老祠，以讲精一之微危乡之父老；或伴山僧于泽畔，以谈释部之□/空山，无所有知当必饮，然酒色咲也，虽曰天工，岂非人事哉，后之作者从而新之，不无厚望云。/

周樨乙两乙钱、周峻乙两二钱、周应逵七钱、周煊……周桂七钱、谢国玺、曹正可乙两四钱、帅继瀚乙两四钱、周秉善六钱、生员周远德三钱作碑文、周岑三钱半、周乾三钱半、周棍三钱半、周楠三钱半、陈开瑞三钱半、黎锡琏三钱半、严章三钱、周仁基七钱、周自新七钱、生员周梁五钱、周聿新六钱、贾超尚六钱、周仁和六钱、周秀士四钱、杨迈文六钱、周焕五钱、生员周秉檠七钱、生员周秉枢五钱、周秉权三钱鸠工、周铬八两、生员谢启用乙两三钱、生员曹钰三钱、生员周德新三钱。

乾隆四十三年二月初八日立　主持僧洪格和尚立/

7.《永流万古》碑

该碑在湖潮乡车田村的车田河畔，靠山脚崖壁而立。碑宽50厘米，高121厘米，厚13厘米，圆首，碑额有"永流万古"四字。笔者亲自调查。

乾隆三十七年仲冬月立寨/

计开立人刘先贤、王明甫、王明佐、罗长元/

黄、亚、刘、王、罗共五人倡首，七保功二个，王柏孝功二个，/阿元助钱二百功五个，王明□功一个，阿兰功一个，王四功三个。/

今立寨后，/路可崎岖，旁观者水势之勇也。朝思暮而痞寐难济，来/往之人是可忧也。成闻古盛埋蛇之善念，救蚁之命一/大□焉。常思万古千载之。方四人共合议诣，各出功资五/十，首领化取功德。所造石桥九洞，以庆渡，准观山溪之险，修/正崎岖之路，则老安少怀以。今将功德人名开列于后。/

石匠：刘起云/

乾隆四十六年岁在辛丑年辛卯月二月廿八日立/

8.《再新桥》碑

位于黔陶乡黔陶村再新桥旁，碑额书写"再新桥"三字，高138厘米，宽75厘米，厚45厘米。摘自贵州民族大学2009级历史学生张荣娟调查报告《关于再新桥及其碑刻的调查报告》。

从来功业兴之于前者，尤期有可继于后。盖以莫为之，则功业无□。/成而莫为之后，则功业未能久。想是桥之建于兹水也，多历年所，地当冲/要，利济鸿深，惜其名于传，未识始何代。然密尔于此，或其为有祖人好/善而能力者，目见波涛之汹涌，帐望车徒之鲜通，志切济人，情殷利世，效彼/徒扛之成，舆梁之设，相度而经营也。未可知迄今，世远年湮，凡于颓坏，倘不及/时补砌，势以倾奔，不惟将来临河者望洋浩叹，亦且没前人好善之初心。/是功之兴于前者，无以继之于后也。众等深为此，惧合寨捐资鸠工再整，/俾斯桥焕然一新。因未其名，妥泐石而与之名曰"再新桥"。□不必遽谓/众等之功业，而充为之后足令为之前者，亘古不磨善心恒在其桥，前/人利物济人之志，谅不无小补之□，是为序。/

打铁合寨罗姓重补/

嘉庆十二年六月　穀旦/

9.《克笃前烈》碑

位于花溪区青岩镇思潜村蒙贡寨宫詹桥桥头，碑额书写"克笃前烈"四字。摘自贵州民族大学 2012 级历史学生吴伟、徐朝友、萧宇呈、王小花、石坤平调查报告《青岩镇思潜村调查报告》。

重葺宫詹桥碑记

盖闻修举废坠者谓夫古迹就湮，俾意美法良，复传不朽，庶不泯前人之留遗也，矧其为先泽之所系乎。/周宫詹先生之造此桥也，嘉惠其乡里，并往来过客，永无竞渡之险，临河之叹。盖自其为诸生时目击心/仪，故一旦得志，毅然捐廉俸命胞弟起濂公鸠工筑石，刻日而成之，不惜千金之费以厚重其材，敦固其/体，两旁并勒石栏，以便车马往来并行不悖，意致深远也。桥成，先生之及门曹殿元公书记以纪之，名/曰宫詹桥。炳炳朗朗与河流共长，计自康熙年间迄今已百岁矣，完然称善，过者莫不称焉。近因有不明/大义者，拆毁仗余栏石，并坏碑记为数段。先生之遗泽虽犹有存者，而既坏者已不堪目睹，见者又同/焉惜之。先生之嫡孙名恪者，求毁者而不得，爰与五房堂兄弟公呈郡守，郡守以事关内结未便深/究，只谕其急为补葺，仍期完善，以无负先世之遗。于是恪与德绅择日经营，重而葺之，焕乎维新，与旧制/无异焉。/

先是乙丑岁，予读礼家居与先生之堂侄孙善，得悉先生数大事可以信当时而传后世，虽/不获亲其制作，窃以为如斯桥者，当与宫詹之名并垂不朽也。夫昨来京时尚未闻此事，兹于数千里外/丐予作记，予闻斯桥之制之善，前记志之详矣，初不料今日有折毁之事也。幸先生之后有善为继述者，/故坠可举，废可修，则谓斯桥与碑因宫詹之名而不至即于沦亡也，可即谓斯桥与碑原未尝折毁也，亦/无不可。于是略叙其事而为之记。/

赐进士出身翰林院检讨浙江道监察御史前提督湖南学政加三级纪录五次后学何学林顿首拜撰/

嘉庆己巳年孟夏月上浣之吉/

石工：方天有、蒋嘉贵、徐富贵/

10.《修路碑记》

碑在贵阳花溪区高坡乡杉坪寨，额书"修路碑记"四字，楷书，高 50 厘米，宽 32 厘米。摘自 1993 年《贵阳市志·文物志》第 97 页。不见原碑。

常观道迁，来往跋涉，甚是不便。本寨罗公、阿文、阿贡承首，公食全寨，协力重建康庄之道，俾万家生佛，永垂千古，兰桂腾芳，长命富贵，期颐耄耋，造就立碑，永游（由）此道，老崇□□，为福星者也。

石匠：刘天富、宏富

嘉庆十七年二月二十三日　　　吉立

11.《朝阳寺文昌阁碑序》

该碑原立于青岩镇文昌阁，中华人民共和国成立后不久文昌阁被拆毁，碑石亦被放倒，铺在住房门口作垫脚石用。摘自 1984 年《贵阳文史资料选辑·第 13 辑·少数民族资料专辑》第 111 页。不见原碑。

朝阳一寺，殿宇四重，系众姓捐修，碑志昭然，无烦再述矣。惟是卜地立庙，原合城风水攸关，神所凭依，地宜处肃，岂窨亵渎于其问哉。乃乾隆四十三年，土酋班廷献因祖祠被灾，倏移乃祖泥像于寺中，敢与文昌帝君并座，安言修祠迁徙。乃竟久假不归，至嘉庆六年，仁宗睿皇帝特旨崇祀文昌帝君，允列祭典。此时王章赫然，前班廷献固蠢尔无知，厥子玉磷或将克盖前愆。顾因循怠玩，竟忍率父攸行，蹈祖不义。我同人俟之又久，始知其欲逐逐，意有所图，是以道光四年二月初三日，恭迎圣诞，爱将泥像送回，并给手书，劝以尊圣敬宗，只冀化其顽梗，息讼无争。乃虺蛇为心，豺狼成行，敢以荒唐之词三叩署。我同人赴辕对质，于本年四月内蒙府主色太尊当堂亲讯，谓班玉磷不遵上谕，亵渎文昌，律应重究。但念土酋无知，姑从宽免。因断伊祖泥像，不准入庙，并饬仍在阁上山原地，修祠供像。是府主以悬镜之明，照澈奸人之胆。而青城数十年之弊，一旦逆除焉。夫文昌垂象，在天为司禄之星，将见

殿阁前清，而神无□嫚，春秋享祀，而囚获祯祥。他日岳降生申，吉人
应征凤翔。行看榜开黄甲，多士共□□廷，于□科第遍于□□，诸福之
休，聿彰其盛。此固□府主片言之折，抑我同人至诚所感与。是为序。

大清道光四年岁次甲申五月吉日青城众□□

12.《传流勿替》碑

该碑立于党武乡下坝村，为白棉石质，碑额书写"传流勿替"
四字，高 164 厘米，宽 63 厘米，厚 8 厘米。笔者亲自调查。

泰来村新建□路□门，重修神祠墙路碑记/
尝思我寨以下坝为名，大约古因地势之卑，名由是取寨立此。间闻父
辈之传言，当予之世百十余年，生斯地者，代有文人，取其地曰泰来，
□必期/后来之人耕田凿井□泰然无□，则古称先者泰然自得，是以泰之
名不/亦善乎。前此合村先人雍正五年各出分金，同建凉厅三间□□□□/
神祠于之字角间，中立□墙以弊内外，□□墙以待外固，已□□□□。/继
当仲父明华公时，约村中人□各捐金，建左侧庙房二间，□□□□/年远，
不免倾颓。乾隆五十八年，仲父仍约村人捐金重整□庙□□□/内外之墙依
然如故。村中积有公众之银，仲睹神庙之墙兴□倾颓/。道光六年，效
父约村中人将公众所积银两重修□墙坎，建立庙门二/道，内外□屏二墙
□旧如新，土地神祠一所更新□□□□□□漫平/俾一村之出入往来，
咸遵荡荡，属各姓之父老兄弟□各□□□/□以示将来，故如是云。/
大清道光六年三月榖旦立/

13.《续嗣桥》碑

此碑立孟关乡石龙村续嗣桥桥头右侧，呈长方体状，虽有部
分已风化，左上角有残缺，但大体内容仍能辨认。碑高约 70 厘米，
宽 50 厘米，厚 10 厘米。摘自贵州民族大学 2008 级历史学学生李
兴勇调查报告《花溪区石龙村玉皇阁遗址及续嗣桥调查》。

昔贤人斋□□于溱洧，而功德之/浩大在于修桥。吾乡有堰塘风水，/
所关行人之要路也。每建木桥，不/周年而即朽，目击情真。立心创/修多

年，而愿未还。兹逢/圣君恩降，普谕修桥。故择日鸠功，/关数旬，而功告成，名曰续嗣。言其/上下往来不绝，而贤孙之继续无/穷，子嗣之蕃衍也。/

匠士：陈真金、陈体仁/

道光拾伍年二月毂旦至人魏氏虔心创修/

14.《山王庙碑》

青岩镇大坝村，碑刻高为 95 厘米，宽为 61.2 厘米，厚为 15 厘米，碑左面刻有"和气致祥"四字。摘自贵州民族大学 2009 级历史学学生简廷华调查报告《大坝村山王庙调查》。

盖闻山不在高有仙则名，水不在深有龙则灵。吾地关以三纪为一方锁钥之区，坝以大称是群林荟萃之地。年来年去，不遭水旱昆虫之灾；时变时迁，未有凶荒妖□之疾，是皆神灵所默佑，地气所磅礴也。弃夫鬼神，非人是亲，惟德是依，谓黍稷非□，明德惟馨耳。今值咸丰二年，吾等各为剧金，共建此山王一庙。幸已功完，了无伤坏，敢居其德，以表威严，春秋匪懈，庶一关不坠芳声，享祀无怨，而众象悉祯，祥瑞共用，是勒碑刻，谨列姓名于左：

龙国谟助庙基外一钱二分、李永顺四钱、张天其钱一百二、王□三钱、刘起昭钱一百二、朱朝现钱四百、谭光明一钱、李永钿钱一百二、李明光一钱、罗朝用钱一百五、章启佑钱六十、张天荣钱二百四、以文钱一百、段子应钱一百二、章以瑄钱八十、谭正东钱一百、文李氏钱一百、朱元亭钱一百、凌正清钱一百、王木高钱六十、王永泰钱六十后又钱二百、蒙仕表钱一百、何国银钱六十、李永洪四钱、何元虎钱一百、邓先辉钱二百、陈孝富钱一百、龙万魁钱一百、朱荣开艮三钱、龙世义钱二百、陈永洪钱一百、龙世礼钱一百五、先万铉四钱、龙世智钱一百五、龙世仁艮四钱、龙世信钱二百、徐发珽艮四钱、陈天顺钱二百、何元善艮四钱、李文钱五十、徐发瑚钱四百、候玉□艮一钱、徐元宝钱一百、余文友钱一百、章以明钱一百。

石匠：章文顺、章三光

咸丰二年岁次壬子菊日朔八日吉旦

15.《承先启后》碑

该碑立于孟关乡付官村梨花寨回龙寺内,方首,砂石质,阴刻楷书,碑额刻有"承先启后"四字,高 125 厘米,宽 68 厘米,厚 14 厘米。碑有莲花座,雕刻有线条,碑座高 87 厘米,长 34 厘米,厚 54 厘米。笔者亲自调查。

重修廻龙寺碑记/

盖闻大德不德,三宝戒为天下之!先锽讵敢以无边善果成一家言,结大因缘夸异人任□□□/有明,年湮代远,栋折梁催,佛头常沾雨露,垣颓瓦解,禅榻半隐鼪鼯我祖兼三公竭力布施□□/施杨家田一坺,计种一斗,以为香灯之费。至乾隆四十八年,锽父国华公继述先德式廓丕□□/间施尧卖田一坺,计种三斗添作庙费。至嘉庆十七年,锽父年近八旬,难以经理。适堂兄□□/渠执掌,兄亦手修两厢。不十数年,兄亦年迈难支,转以属锽曰:"此吾先世崇神报功精诚注集□/理之。"自道光十九年,锽始承经管。斯时也,庙田虽有数丘,而僧粮几无。隔宿,锽于是清出各田□/灯常住外黍积小谷会一个,如蚊虫之负山,效精卫之衔石。更数年又积银会个半,共得银一□,/以五十两修寨门奎阁,下余银一百三十五两。当时意欲重新庙貌,而会事无从填上,只得权□/日。旧有存积,乃为公山竹林坡争讼,费去银三十五两,又买竹林湾田,去银二十两整,而旧积已□。/后又因洛漂刘姓挪去银八十五两,佺孙樗挪去银五十两,均甫盖利一季追不应,盖不得已□/安租盖会二,共悬银一百三十五两。延至道光末年而会事始周。众口纷纷,属锽修庙。锽念/冈敢或坠。奈各款悬空,都成画饼。锽于是卖己膳业,虔修佛殿。自咸丰三年冬,鸠匠兴工,至七□/座廷重建上殿、下殿、东厢、西厢,旁陪耳庑,外筑山门。金工石工木工并非檀越之助,一砖一瓦□/者之施。于是九仞既成,一篑尚亏,奂轮斯举,彩绘未张。万难猝办之下,谨将我本支二十家所□/变银三十三两,以办油漆装金。合共费银二百八十余金,终圆善果。锽始终不敢造次,将事一□/年敬迓神庥之。绪一以绝后人,异日三褫鞶带之心。兹者全功告竣,急欲勒石,而锽年已七十,精□/欲择贤子孙以似续先志,而忠信乏人,故株守莫辞,必盖棺方已焉!知来者之不如今有厚望□。/

咸丰八年十月初一日传/

16.《永垂不朽》碑

　　碑位于湖潮乡湖潮村，碑额书写有"永垂不朽"四字，高 133
厘米，宽 62 厘米，厚 14 厘米。笔者亲自调查。

　　今夫黔地名洞由来已久，乃天造地设之犹存，亦人之所宜修补也。然
洞处乎元、大、湖三寨之间，名/虽外洞，号曰"泰平"。自古迄今，其所
以利于斯世者，非只一世而已，迨至我清朝以来二百数十/余载，民安物
阜，只与永享太平。不料干戈四起，万民离散，老弱转乎沟壑，壮□累
遭兵革之惨者，亦/甚不乏人矣。欲待奔驰，无奔驰之地；意湏注迹，无
迹之所，是以日后联达，并未有扶危济急之策。/朝夕永叹，思得一暨身
远害之方，若非名洞何以援今。乃七人为首，相邀数十余户捐金培补，
致/使老幼无离散之苦，妇女免戮辱之忧。辛工果已圆成，然乎未能过乎
城垣之坚固，亦可与之等量/而齐观，任蟊贼之猖狂，其奈我何/焉。皇天
之庇佑，仗洞府之威灵，但愿贼匪早灭，国泰民安，使贼永不至此，亦
吾数十户人之幸也，/又何莫非黔地名洞之灵乎！兹慎怆惶之际，虽则以
效法乎古人，亦可以传流于后世矣，岂不美哉！/以是为序。/

　　其有芳名开列于左。/

　　首士：石玉珍、□有德、叶天德、张凤喧、叶起有、游文学、熊起曹、
孟鸿

　　计开：黄廷有、孟淏、周应学、叶志、孟政斐、李泰朝、张凤文、起
登申、杨有元、陈□礼、孟教、张有庆、游尚宽、张凤和、石老三、游
赵英□、孟禄、游有玉、□张保、叶善保、游赵华、孟烟、游有方、石
文富、叶天元、游赵发、孟俊、高必贵、石有用、陈大用、游大幺、孟
林、石起灿、□起□、向起祥、游吴氏、孟政鳌、胡起志、□大才、游
赵林、吴召长、孟旭、孟祥、□政申、石老三、游登材、孟瑷、徐德应、
叶天祥、姚大受、游二贵、孟兴、高老三、□黄氏、何朝凤、起永贵、
孟灵、高必发、叶天有、陆富才、游杉贵、孟仁、□□

　　工资：用费前后共用□银陆□两

　　石匠：王光仲、吴国海/

　　大清同治四年孟夏月毂旦立/

17.《建修优昙寺碑》

位于花溪区陈亮村，为两块碑，笔者根据需要，将两块碑文内容合并在一起。笔者亲自调查。

尝闻吾堡创自前明以来，人才代生，功名世有，大都渊渟岳峙，灵运所钟也。然鹤膝蜂腰，/数峡磊落，东方贪狼天马诸峰特标西向，青龙白虎缠护南北诚，尽美而 又 尽善矣！且永/清河自东而西而北回环绕抱，宜荫福泽以悠远矣！孰知尊荣安富悠久无疆者，自古/未闻。总缘龙行砂水，良有可憾而宜有可补者矣！绅耆士民辈言念及此，会议人众捐锱/铢，兴优云寺，余积银三十七两四钱整移。咸丰丙辰岁，合堡创修沙子坡，仅足祀□神，一/庙建于堡北大天坝水口之中，与庆云阁、扶风碾相为犄角，名曰："景星楼"，为一堡之罗星/印浮水面，作中流之抵柱，财聚江心。休哉！人文蔚起，较古尤妍，富贵绵延于今，可乂□□/公议，吾堡左右高园，堡后骑龙穴、长冲岩、顶牛厂岩、顶仰□窝、磨刀关、老鹰石、狮子山、勾/头山、门口大石头、老王寨小坡上、王家堰大天坝、沙坝等俱关吾堡风水，不准□石/开挖，违者合堡鸣官究治。

监修者士：/

文昌会五两乙钱，陈全二两乙钱，何应富六钱，吴日兴乙两七钱，萧逢春四两，观音会二两乙钱四分，易光国二两四钱，吴廷摸三两二钱，赵玉堂二两，孙应□八钱，雷祖会二□两五钱，甘天和乙两，张登凤三两九钱，吴日成乙两，徐耀章乙两四钱，娘娘会四两二钱五分，陈一明三两乙钱，赵文烜乙两三钱，萧扬锦两钱，刘鉴魁六钱五分，牛王会十两二钱，萧应福六两三钱，吴日昭三钱，陈湘六钱，萧扬清五钱，马王会三两四钱，吴泌乙两，谢灵云乙两，赵世杰乙两，刘钧二两八钱，秧苗会□□□□，赵文清二两，蒋士俊六□，孙继平九钱，陈师乙两，陈鸿猷二□，李春、吴廷桢六钱五分，刘昭第、李成全、萧□□、何玉佩、萧扬川二钱，萧庆春二两□钱，孙继光、陈彬、唐易顺、吴日贵、沈光臣、罗德本、□祭□、吴日进、□□三□，易沅、蒋士荣、陈鸿勋、赵丕模、陈兴元、赵玉珍修补水碾；赵文彬三两，吴日开、易涛、唐荣、孙应发、吴礼元、甘瑚、芳名、赵士清二两八钱，谢光华、任盛槐、唐杞、韩友苑、萧占春、沈国清、赵正燦、赵文举二两五钱，韩泽霜、陈椿、唐棣、吴日浩、范兴华、沈应祥、潘崇法、冯廷柏三两，蒋泽沛、陈柱、吴景柱、刘嗣贵、赵继廉、陈永涛、冯廷柏、赵正□二两七钱，贺永祥、陈桢、吴日暄、陈楠、刘镇、陈永泰、李廷桂、陈□二两□□，陈发、陈希会、吴日□、易滨、陈永发、吴日瑞、刘铨、吴景天二两六钱五分，陈新荣、赵正燦、陈珍、易澐、刘铨、陈桂、戴钟祥、赵玉成乙两三钱，吴日宣、赵丕献、姚炳珍、甘瑞、余士祥、陈□松、罗德本、吴日复乙两三钱，赵玉书、赵继光、陈永滨、甘琪、李廷桂、王老山、赵继彰、萧钰春乙两三钱，刘发元、甘琼、贺友仁、赵继彰、赵继益、陈忠……谢光廷二两四钱，赵跋玉、陈永光、甘瑄、许泽隆、孙继光、沈兴亮……赵文芳二两三钱，赵玉发、蒋泽春、萧祖裕、吴日盛、刘工焜、何玉顺……吴克刚二两二钱五分，刘嗣舜、潘崇云、赵玉钿、萧玉春、冯鹤龄、刘铨……赵正福二两二钱，蒋士清、萧租运、傅枝、陈霖、戴钟祥、刘钊、陈希樊……/

光绪丁亥年十月吉日合堡公立/

18.《重修活佛寺诗碑》

该碑现镶嵌于党武乡翁岗村活佛寺墙上，呈长方形，长 143 厘米，高 57 厘米。摘自贵州民族大学 2010 级历史学学生张丽栋调查报告《关于党武乡翁岗村历史文化的调查报告》。

忆昔建文到次山，此山高插白云间。/悠悠白云时出现，使我徒思活佛颜。/山不在高仙常恋，他山孰与此高攀。/仰观尚离天不远，俯察群山不一斑。/咸丰初年杨逆乱，我祖聚五时盘桓。/众志成城无敢慢，地方从此得安闲。/人人对此皆称赞，犹入圣域与贤关。/宽长绝顶平而坦，曲折崎岖路又弯。/层层叠叠岩花灿，礌礌磅磅石发斑。/紫气熏蒸时变幻，轻笼雾髻与烟鬟。/朝云暮雨犹难卷，落照晴空旷无边。/骚人逸士来游玩，选胜登临别有天。/石枕横眠真古干，岩头自涌飞瀑泉。/一呼美壑声飞遍，空谷好音到处传。/欲穷极目周围看，南北东西在眼前。/庙宇巍峨只一殿，方池积水清且涟。/钟鼓声喧地运转，五风时雨乐丰年。/自在老僧多散淡，不是仙来也是仙。/地方无人存善念，谁肯布施出银钱。/几回修理不方便，想要成功难又难。/而今筹得有几款，勉强粗成屋数椽。/更名之日孤王院，永赖僧人祀香烟。/愧我才疏学历浅，不能吟咏作诗篇。/俚语编成歌一段，留与万家存笑谈。/唯祈老幼人健康，家家户户得平安。/风调雨顺如人愿，永享清平福寿全。/

枕泉居士张孔修手书/

首士：李良才、黄辅百、董文相仝较/

光绪二十七年二月吉日立/

19.《永垂不朽》碑

此碑立于孟关乡石龙村玉皇阁大殿东侧，碑额有"永垂不朽"四字，高220厘米，宽78厘米，厚16厘米。摘自贵州民族大学2008级历史学生李兴勇调查报告《花溪区石龙村玉皇阁遗址及续嗣桥调查》。

重修玉皇阁记/

吾乡山之南旧有玉皇阁，由来久矣！忆幼岁时，曾见修葺一次。当太平时已觉为力/不易，经营既久，始观厥然，犹仅勤朴亚斤而未涂丹癯也。嗣因同治初年经兵燹毁于/火，数十年来屡欲修复而有志未逮。光绪戊戌岁，商之父老，谓此阁有关风化，不/可不复旧观。因拟量力捐赀，同勖斯举，佥曰诺，无异词。继以历乱以来元气未复，且频年荒/歉，十室九空，遂群相推予独力执办。乡中人有山者出木，有人者出力，每日火食仍由/予处供给。自己亥岁经始，癸卯落成，合计千八百余功，是皆同众之力也。空阁之规/模，下则空为三楹，上架阁为六面式。中奉玉皇大帝，左祀文昌帝君，右祀观音/大士，下则专祀灵官大帝。其阁之左右厢及山门皆悉仍其旧帷，加以油漆。视前少/润色，马将见人和而神降福。后之视今亦犹今之视昔，随时修葺而此阁庶可相传/不朽。云是为记。/

信士陈廷彦谨记卒长男书麟敬书/

大清光绪贰拾玖年岁次癸卯清和月/

20.《双圆桥》碑

马铃乡盐井村，碑石是白亮的，当地人称"星宿石"。碑额刻有"双圆桥"三字，长131厘米，宽63厘米，厚17厘米，碑基厚24.5厘米。碑左侧缺了一只角，缺角斜边为50厘米。笔者亲自调查。

总头人：/陈士方室谷氏助银乙百三□两孙□……缪文□□□□助银乙两二钱、陈阿高助银五钱、陈大明六钱/

分头人：/陈朝□助银六钱、秦定邦助银乙两二钱、戴元龙助钱五百、陈阿土五钱、/□□□银乙两五、韦琢助银乙两二、姚殷氏助银六钱、张世法助银四钱、陈小采五钱、/艾法□银乙两五、韦起智助银乙两二、□世□氏助银五钱、班文才助钱三百、陈小局四钱、/周应祥助银七钱、韦陈氏助银乙两二、□□□谷助五钱、吴世毫助银四钱、王炳一□五、/□珍助银七钱、韦连升助银乙两三、胡义才助银五钱、袁正干助银三百、/周应发助银六钱、郭兴朝助银一两、陈□珠助银五钱、陈兴助银二钱、/邹起祥助银六钱、陈□相助银乙两、缪□林助银五钱、陈阿鸟助银三钱、/李仁安助银乙两、韩盛龙助银乙两、陈文□助银六分、陈文明助银四分、/周尚法助银五分、王科士助银乙两、耀洪德助银五分、许名魁助钱五百、/陈王氏助银六两、方天才助银乙两、陈有福助银乙两、程尚志助银三钱、/韦东潘助银乙两五、梁李氏助银乙两、罗吴助银五钱、程璇助银三钱、/□为孝助银六钱、杨天智助银乙两二、韦起佩助银□钱、徐宏李助银三钱、□□友助银乙两二 邓润身助银乙两、韦起光助银六钱、张德泰助钱四百/……助银乙两五、秦果勇助银乙两二、胡禹春助银八钱、张宗名助银三钱/……助银乙两二、陈金贤助银乙两、张佑辅助银六钱、韦起宗助银三钱/

……十四年四月立/

后　记

从最初接触碑刻至今，有近十年的时间。从起初的碑文记录、断句，到利用碑文深入剖析背后的历史，再到通过区域范围内的碑刻来探讨区域社会史，那是对田野调查碑刻资料利用的一种探索。这种探索形成了这本拙著。这个探索受史继忠老师的影响，也是叶老师鞭策。进入研究生阶段后，我们在老师的指导下多次拜读、讨论史继忠老师的《明代水西的则溪制度》。《明代水西的则溪制度》体现了史继忠老师扎实的史料基本功和精辟入里的分析能力，是我们学习研究的模范、毕业论文写作的标杆。自己在潜移默化中要求也要有一个高质量的论文。与叶老师的讨论，总是避不开碑刻，从碑刻的尺寸、碑文的异体字、碑文的排版布局，到碑文内容的分析探讨、碑刻的作用和影响等。在不断的交流中，我们形成了这个题目。好的素材和好的题目，我却没有很好完成，距离预期有很大的差距，尤其是在出版修改过程中，发现了很多不应有的错误。

《区域社会史视野下花溪清代碑刻调查与研究》从最初选题、资料整理，到完成写作，再到如今的出版，无不倾注着叶老师的心血。在自己写作一筹莫展时，叶老师适时的点拨让我茅塞顿开。在毕业参加工作后，叶老师的鼓励和支持，让我又重新拾回《区域社会史视野下花溪清代碑刻调查与研究》，不断进行修正和完善。凡此种种，对叶成勇老师表示由衷感谢。在校期间，郭国庆、吴大旬等各位老师的关心和督促让我不断进步；修改过程中，田文、罗丽萍二人认真细致看了初稿，给了很多意见。在此对你们一并表示谢意。

赵兴鹏

2021 年小雪